现代高校体育教学改革与创新

李常浩　张静怡　周延涛　著

中国商业出版社

图书在版编目(CIP)数据

现代高校体育教学改革与创新 / 李常浩，张静怡，周延涛著. -- 北京 ：中国商业出版社，2024. 8.

ISBN 978-7-5208-3058-4

Ⅰ. G807.4

中国国家版本馆 CIP 数据核字第 2024UM4472 号

责任编辑:管明林

中国商业出版社出版发行

（www.zgsycb.com　100053　北京广安门内报国寺 1 号）

总编室:010－63180647　编辑室:010－83114579

发行部:010－83120835/8286

新华书店经销

天津和萱印刷有限公司印刷

*

787 毫米×1092 毫米　16 开　9 印张　153 千字

2024 年 8 月第 1 版　2024 年 8 月第 1 次印刷

定价:45.00 元

＊　＊　＊　＊

前　言

体育教育作为高校教育的重要组成部分，其意义远超过单纯的身体锻炼和技能培养。体育教育不仅能增强学生体质，还能培养其团队合作精神、竞争意识以及健康生活方式。在这个快速变化的时代，高校体育教学必须与时俱进，积极探索新的教学理念和方法，以适应新一代大学生的成长需求。随着社会的进步和科技的发展，传统的高校体育教学模式已经难以满足当代大学生的全面发展需求，因此改革与创新成为摆在我们面前的重要课题。

本书从高校体育教学改革概述入手，阐述了高校体育课程体系的重构、高校体育教学方法的创新以及高校体育教学评价体系创新，最后论述了高校体育教学资源的开发与利用。希望通过本书的介绍，能够为读者提供现代高校体育教学改革与创新方面的帮助。

本书主要汇集了笔者在工作、实践中取得的一些研究成果。在撰写过程中，笔者参阅了相关文献资料，在此，谨向相关作者深表感谢。

由于笔者水平有限，加之时间仓促，书中难免存在不足和疏漏，敬请广大读者批评指正。

作　者

2024 年 6 月

目　录

第一章 高校体育教学改革概述

第一节 体育教学改革的必要性

一、适应社会发展趋势的需求

(一) 社会发展对体育人才的新需求

随着社会的不断进步和发展，对体育人才的需求也在不断变化和提升。在当前的社会背景下，体育不再仅仅局限于单纯的体能训练和竞技比赛，更多地融入了教育、健康、娱乐等多个领域。这就要求体育人才不仅要具备扎实的专业知识和过硬的运动技能，还要拥有广博的知识视野、良好的身体素质和健全的人格品质。

从知识层面来看，现代体育人才需要掌握体育学、运动生理学、运动心理学等多学科的理论知识，了解体育运动的发展历史和趋势，熟悉各种体育项目的规则、技战术和训练方法。同时，体育人才还应具备一定的教育学、心理学知识，能够运用科学的教学方法和手段，有效地进行体育教学和训练指导。

从能力层面来看，社会发展对体育人才的实践能力提出了更高要求。优秀的体育人才不仅要具备较高的运动技能水平，能够在各自的专项中取得优异成绩，更要具备组织管理、沟通协调、创新开拓等综合能力。在日益多元化的体育实践中，体育人才需要能够灵活运用所学知识，针对不同群体的特点和需求，设计科学、合理的体育活动方案。同时，体育人才还应具备一定的研究能力，能够发现体育实践中的问题，运用科学的研究方法加以探索和解决，推动体育事业的创新发展。

从素质层面来看，社会发展对体育人才的综合素质提出了新的要求。作为体育人才，不仅要具备良好的职业道德和敬业精神，更要拥有健康的体魄和积极向上的精神风貌。在日常工作中，体育人才要以身作则，用自己的言行举止展现体育运动的魅力，传递积极健康的生活方式。同时，体育人才还要具备良好的团队合作意识和奉献精神，能够与他人携手共进，为体育事业的发展贡献自己的力量。

（二）高校体育教学与社会发展趋势的对接

现代社会的发展日新月异，对体育人才的需求也在不断变化。高校作为培养高素质人才的重要阵地，其体育教学改革必须紧跟时代步伐，与社会发展趋势相适应。只有不断创新教学内容和方法，优化人才培养模式，才能培养出适应新时代要求的体育人才，为社会发展提供坚实的人力资源保障。

从知识结构来看，现代社会对体育人才的要求已经突破了传统的体能训练和运动技能掌握，更加注重复合型、应用型人才的培养。这就要求高校体育教学必须拓宽知识广度，加强与其他学科的交叉融合，使学生掌握体育学、运动人体科学、心理学等多学科知识，具备综合运用的能力。同时，体育教学内容还应紧密结合体育产业发展实际，引入体育管理、体育经济、体育传媒等前沿知识，提升学生的就业竞争力。

从能力素质来看，现代社会更加青睐具有创新意识、团队协作能力和国际视野的体育人才。这就要求高校体育教学必须突破传统的“满堂灌”模式，广泛采用探究式、参与式、合作式等教学方法，激发学生的主动性和创造性。通过开展科研训练、实践项目等，培养学生发现问题、分析问题、解决问题的能力。通过组织体育赛事、交流研讨等，锻炼学生的组织管理和沟通表达能力。在体育教学中还应重视培养学生的国际视野和跨文化交际能力，引导其关注国际体育发展动态，提升国际竞争力。

二、提升学生综合素质的必然要求

（一）体育教学在学生素质教育中的角色

体育教学在学生素质教育中的作用不容忽视。它不仅能够促进学生身体素质的全面发展，而且对于培养学生良好的心理素质和社会适应能力具有重要意义。

从身体素质的角度来看，体育教学可以帮助学生增强体质，提高身体机能。通过科学、系统的体育锻炼，学生的心肺功能、肌肉力量、柔韧性等得到充分发展，从而为其健康成长奠定坚实的基础。同时，体育教学还能培养学生良好的运动习惯和健康生活方式。在体育课堂上，教师不仅传授运动技能，更重要的是引导学生树立“终身体育”的理念，使其掌握科学锻炼的方法，养成自觉参与体育活动的习惯。只有将体育运动内化为一种生活方式，学生才能真正实现身心健康、全面发展。

从心理素质的角度来看，体育教学在培养学生自信心、意志力等方面具有独特优势。在运动竞争中，学生需要克服困难，挑战自我，这一过程有助于增强其自信心和进取精神。同时，面对比赛的胜负、运动中的挫折，也使学生能学会调控情绪，磨炼意志品质。这些宝贵的心理体验，将成为学生面对人生困境、迎接未来挑战的重要精神财富。体育活动还能缓解学生的学习压力，调节身心状态。在紧张的学习生活中，适度的体育锻炼犹如一服“良药”，能够使学生在运动中放松心情，在快乐中恢复活力，从而以更加饱满的精神状态投入到学习中去。

从社会适应能力的角度来看，体育教学为学生提供了广阔的社交平台。在体育活动中，学生需要与他人合作，学会尊重、互助、分享，这有利于培养其团队意识和沟通能力。同时，体育竞赛也是锻炼学生组织协调能力的重要舞台。通过扮演不同角色，如运动员、裁判员、志愿者等，学生能够学会统筹安排、妥善处理问题，提高社会适应能力。体育活动还能拓宽学生的社交圈，使其结识志同道合的伙伴，建立良性的人际关系。这无疑为学生步入社会、适应未来工作生活创造了有利条件。

（二）体育与其他学科融合对综合素质提升的促进

体育作为高校教育的重要组成部分，不仅关乎学生的身心健康，更在培养学生全面素质方面发挥着不可替代的作用。在新时代背景下，高校体育教学改革已成为大势所趋。而要真正实现体育教学的创新发展，就必须立足学科特点，深入挖掘体育与其他学科的融合点，构建跨学科的教学体系。

从知识传授的角度来看，体育与其他学科的融合有助于拓宽学生的知识视野，丰富其知识结构。传统的体育教学往往局限于运动技能的训练和体能的提高，较少涉及体育的理论知识和文化内涵。而通过与其他学科的交叉融合，学生能够更加全面地认识体育运动的内在规律和外在价值。例如，将体育与生物学相结合，可以加深学生对人体运动机能的理解；将体育与力学相结合，可以帮助学生掌握动作技术的优化原理；将体育与美学相结合，可以提升学生对运动美的感知和欣赏能力。这种跨学科的知识学习，不仅能够激发学生的学习兴趣，更能培养其发现问题、分析问题的综合能力。

从能力培养的角度来看，体育与其他学科的融合为学生提供了施展特长、发展潜能的广阔空间。在传统的应试教育模式下，学生的发展往往受到单一评价标准的制约，其个性特点和独特才能难以得到充分展示。而体育运动作为一种综合性很强的实践活动，为不同特点、不同需求的学生搭建了一个多元化的发展平台。有的学生可以在体育赛事中展现出色的组织管理能力，有的学生可以在体育志愿服务中培养深厚的人文情怀，还有的学生可以在体育科研中锻炼严谨的逻辑思维。通过参与形式多样的体育实践，学生能够在不同学科领域找到自己的兴趣所在和优势所在，在身心愉悦中实现特长的培养和潜能的发掘。

从综合素质的角度来看，体育与其他学科的融合为塑造学生的健全人格奠定了基础。体育不仅是一项技能，更是一种精神；不仅教会学生如何锻炼身体，更引导其形成积极向上的生活态度。在与其他学科的交叉渗透中，体育所倡导的拼搏进取、团结协作、规则意识等理念得以延伸和升华，内化为学生的行为准则和价值追求。在赛场上，学生学会了如何面对挑战、超越自我；在团队中，学生体会到了互帮互助、协同作战的力量；在规则下，学生懂得了公平竞争、遵章守纪的可贵。这些宝贵的品格教育，都将引领学生健康成长，塑造其完整的人格魅力。

（三）创新体育教学模式在素质教育中的作用

创新体育教学模式是新时代高校体育教学改革的必然要求。创新的体育教学模式立足学生的主体地位，尊重个体差异，通过丰富多彩的教学内容和灵活多变的教学方法，充分调动学生参与体育活动的积极性和创造性，促进其身心全面发展。

从教学内容来看，创新体育教学模式强调丰富性和选择性。教师应根据学生的兴趣爱好、体质特点和运动基础，开设形式多样的体育课程，如球类、田径、武术、瑜伽、街舞等，满足不同学生的个性化需求。同时，教师还应该积极开发校本课程资源，将学校特色和地域文化融入体育教学之中，增强课程的针对性和吸引力。例如，沿海地区的高校可以开设帆船、潜水等海上运动课程；少数民族聚居区的高校可以开设民族传统体育课程，如藏族的赛马、蒙古族的摔跤等。这些独具特色的体育课程不仅能够丰富学生的运动经历，更能培养其民族自豪感和文化认同感。

从教学方法来看，创新体育教学模式倡导互动性和参与性。教师不再是高高在上的权威，而是学生学习的引导者和合作者。在教学过程中，教师应鼓励学生提出问题、表达观点，营造民主、平等的课堂氛围。同时，教师还应该采用小组合作、情境模拟、比赛竞技等多样化的教学方式，增强体育课堂的互动性和趣味性。例如，在篮球教学中，教师可以组织学生进行分组对抗赛，让其在竞争中学习技战术、提高团队协作能力；在武术教学中，教师可以设计情境模拟练习，如夜间巡逻、擒拿格斗等，提高学生的临场应变能力。这些生动活泼的教学方式能够充分激发学生的运动潜能，提升其参与体育活动的主动性。

三、推动高校教育创新的实践途径

（一）高校体育教学改革与教育创新的关联

体育教学作为高校教育的重要组成部分，其改革创新不仅影响着体育学科自身的发展，更关乎整个高等教育事业的转型升级。从本质上讲，体育教学改革是教育创新在体育领域的具体体现和实践路径。通过不断深化体育教学改革，探索新的教学模式和方法，高校体育才能真正成为教育创新的突破口和试验场。

体育教学改革为高校教育创新提供了广阔的空间和多元化的可能。传统的体育教学模式往往以教师为中心，强调技能训练和体能提高，忽视了学生的主体性和个性化需求。而创新性的体育教学改革则致力于突破这一局限，积极探索以学生为本、因材施教的教学范式。在这一过程中，诸如体验式教学、合作学习、项目教学等新型教学方式不断涌现，极大地丰富了高校教学的内容和形式。这些创新性的尝试不仅促进了体育学科的发展，更为其他学科领域的教学改革提供了有益借鉴和参考。

体育教学改革还是推动高校教育理念更新的重要契机。长期以来，我国高等教育受应试教育思想影响较深，片面强调知识传授和考试成绩，忽视了学生综合素质的培养。而体育教学恰恰为扭转这一局面提供了突破口。通过改革创新，体育教学可以更加注重学生身心健康、意志品质、团队意识等核心素养的塑造，引导学生树立终身体育、健康生活的意识。这种全新的教育理念不仅有助于学生的全面发展，更能够带动整个高校教育观念的转变，真正实现“健康第一”的育人目标。

体育教学改革还是检验高校教育创新成果的试金石。教育创新绝非纸上谈兵，而需要在实践中不断检验和完善。体育教学以其鲜明的实践性和综合性，为教育创新成果的应用与推广提供了理想的平台。一方面，创新性的体育教学模式可以直接应用于教学实践，在实践中不断修正和深化，从而保证创新的有效性和可持续性；另一方面，体育教学对场地、器材等条件要求较高，这倒逼学校在教育供给侧发力，改善办学条件，优化育人环境，为教育创新提供必要的物质基础和制度保障。

（二）创新体育教学方法推动教学理念更新

创新体育教学方法是推动高校教育理念更新的关键举措。在传统的体育教学模式下，教师往往采用单一、刻板的教学方式，注重技能动作的演示和机械化训练，忽视了学生的个体差异和主观能动性。这种“填鸭式”的教学难以调动学生的学习兴趣，更无法培养其终身体育锻炼的意识和习惯。为了突破这一局限，教师必须勇于创新，探索符合学生身心发展规律、满足其多元化需求的教学方法。

体育教学方法的创新要坚持以学生为中心的理念。教师要充分尊重学生的主体地位，根据其年龄特点、体质状况、运动基础等因素，因材施教，提供个性化的指导。同时，教师还要积极营造民主、平等、和谐的师生关系，鼓励学生表达自己的想法，参与教学决策，培养其主动学习、自主锻炼的意识。只有让学生真正成为学习的主人，体育教学才能焕发勃勃生机。

创新的体育教学方法要强调趣味性和互动性。枯燥乏味的教学内容和方式是影响学生体育学习兴趣的根源。为了点燃学生的运动激情，教师要善于利用游戏、音乐、多媒体等手段，设计寓教于乐的教学活动。例如，在篮球教学中，教师可以组织“三对三”半场比赛，让学生在竞争中体验运动的快乐；在体育舞蹈教学中，教师可以引入流行音乐元素，激发学生的表现欲望。同时，教师还要注重培养学生的团队意识和沟通能力，通过小组合作、分工协作等方式，营造良性的互动氛围。

体育教学方法的创新还要借助现代信息技术的力量。随着智能手机、平板计算机等移动设备的普及，学生获取知识、开展学习的方式日趋多样化。教师要顺应这一趋势，积极开发和利用网络教学资源，建立线上线下相结合的混合式教学模式。例如，教师可以录制微课视频，供学生课前预习或课后复习；开设体育教学网站或公众号，实现优质资源的共享；利用智能手环等可穿戴设备，实时记录和分析学生的运动数据，进行针对性指导。这些做法不仅能够拓展学生的学习时间和空间，提高教学效率，更能培养其自主学习、终身学习的能力。

体育教学方法创新的落脚点在于促进学生全面发展。体育不仅是增强体质、掌握技能的途径，更是培养学生综合素质的重要载体。创新的教学方法要注重挖掘体育的育人功能，将体育精神、意志品质、审美情趣等融入教学全过程。例如，在长跑教学中，教师可以讲述马拉松比赛中选手坚持到底的感人故事，引导学生树立吃苦耐劳、永不言弃的意志品质；在体操教学中，教师可以运用优美的音乐和舞蹈元素，培养学生的节奏感和表现力，提升其审美情趣。唯有如此，体育教学才能真正成为学生健康成长的助推器。

四、增强高校体育工作效能的举措

（一）提高教学质量与管理效率的策略

提高教学质量与管理效率是增强高校体育工作效能的关键所在。高质量的教学内容是保证教学质量的基础，它不仅涉及教学目标的设定、教学内容的选择和组织，还涉及教学方法的运用和教学过程的控制。在教学目标设定上，要立足学生实际，遵循体育教学规律，既要考虑学生身心发展的阶段性特点，又要体现时代发展的要求。在教学内容选择上，要突出体育学科核心素养，注重学生体育能力、体育品德和体育精神的培养。同时，要根据不同专业、不同年级学生的特点，有针对性地设计教学内容，满足学生的个性化需求。在教学内容组织上，要遵循由易到难、由简到繁的原则，合理安排理论教学与实践教学、课内教学与课外教学的比例，形成科学、系统的教学内容体系。在教学方法运用上，要积极探索启发式、探究式、讨论式等多种教学方式，激发学生的学习兴趣，调动学生的主动性和创造性。在教学过程控制上，要加强教学全过程管理，及时了解学情，调整教学策略，保证教学活动的有序开展。

高效率的教学管理是提升体育工作效能的有力保障。它包括教学计划的制订、教学任务的落实、教学质量的监控和教学效果的评估等多个环节。在教学计划制订上，要根据学校总体发展目标和体育教学改革要求，科学规划教学内容、教学时数、师资配备等，为教学活动的开展提供制度保障。在教学任务落实上，要加强教学组织管理，明确教师职责，优化教学资源配置，确保教学计划的有效实施。在教学质量监控上，要建立健全的教学质量评估体系，定期开展教学督导、学生评教等活动，及时发现和解决教学中存在的问题。

（二）优化体育教学资源配置增强工作效益

在高等学校体育教学改革的大背景下，优化体育教学资源配置已经成为提升体育教学整体效益的关键举措。体育教学资源作为高校体育教学活动的物质基础，不仅直接影响着教学内容的设置和教学方法的选择，更关乎学生身心健康和综合素质的培养。因此，科学合理地配置体育教学资源，最大限度地发挥其效用，对于推动高校体育教学改革、提高人才培养质量具有重要意义。

体育教学资源配置的优化首先要立足学校实际，充分考虑学生需求。不同高校在办学定位、专业设置、师资力量等方面存在差异，学生的体育锻炼需求和兴趣爱好也各不相同。因此，体育教学资源的配置必须以学校实际为依归，以学生需求为导向，做到因校制宜、因材施教。例如，综合性大学可以开设多样化的体育课程，满足不同专业学生的个性化需求；而专业性较强的高校则可以结合专业特点，突出某些体育项目的教学。同时，高校还应通过问卷调查、座谈会等方式，广泛听取学生对体育教学的意见和建议，了解他们的真实诉求，并据此动态调整资源配置方案。

优化体育教学资源配置要突出重点，讲求实效。在教学资源总量有限的情况下，高校应当明确教学重点，把有限的资源投向最需要、最关键的领域。一方面，要加大师资队伍建设力度，提高教师的业务水平和教学能力。高水平的师资队伍是体育教学的灵魂，直接决定着教学质量的高低。因此，高校要完善教师聘任和培训机制，引进高层次人才，提升现有教师的理论素养和实践技能，建设一支专兼结合、结构合理的高素质师资队伍。另一方面，要优化场地器材资源配置，完善教学设施条件。体育场地和器材是开展体育教学活动的物质载体，其数量和质量直接影响着教学效果。高校应科学规划体育场馆建设，统筹利用好现有场地资源，保证体育课、课外活动等有序开展。同时，要加大经费投入，及时添置、更新体育器材，为师生提供安全、规范的教学环境。通过重点突破，高校体育教学资源的配置将更加精准高效，教学效益也必将大幅提升。

优化体育教学资源配置要开拓思路，注重整合。面对资源短缺的问题，单纯依靠增加投入并非良策。高校还应转变思路，充分挖掘和利用各种体育教学资源，最大化地发挥其功能和价值。一方面，要加强校内资源整合，实现体育与其他学科的协同育人。可以探索体育与美育、德育等相结合的教学模式，开发跨学科课程，培养学生全面发展所需的关键能力。另一方面，要积极开展校外资源合作，拓宽体育教学的时空边界。与社会体育场馆、优秀体育社团开展合作，引入优质社会资源，既能弥补学校资源的不足，又能拓宽学生的视野，提高他们的社会适应能力。

（三）加强体育教育科研助力工作效能提升

当前，加强高校体育教育科研工作已成为提高体育教学质量、推动体育事业发展的重要举措。体育教育科研不仅能够为体育教学提供理论指导和实践支撑，更能够促进体育教学模式的创新，提高体育教学的针对性和实效性。

体育教育科研在推动体育教学革新方面发挥着不可替代的作用。通过系统梳理体育教学中的难点、热点问题，深入分析其成因和影响因素，体育教育科研能够为教学实践提供科学依据和解决方案。例如，针对当前高校体育教学中普遍存在的学生体质下降、运动能力不足等问题，体育教育科研可以从生理学、心理学、教育学等多学科视角入手，探索行之有效的干预策略和训练方法，为教学一线提供可操作的指导。同时，体育教育科研还能够引导教师及时更新教学理念，优化教学内容和方法。通过广泛吸收国内外先进的教学经验和研究成果，体育教育科研能够为教师拓展教学思路，开发新颖的教学资源，从而激发学生的运动兴趣，提高课堂教学质量。

体育教育科研对于提升体育教学工作效能也具有重要意义。教学效能是衡量教学工作质量和水平的关键指标，而提升教学效能离不开科研的有力支持。通过开展体育教育科研，教师能够及时发现和总结教学中的经验与不足，不断反思和改进自己的教学实践。这一过程不仅能够提高教师的教学能力和专业素养，更能够增强其教学的针对性和预见性。在科研的指引下，教师能够更加精准地把握学生的学习需求和认知特点，因材施教，从而最大限度地调动学生的学习积极性，实现教学相长。体育教育科研还能够促进教学资源的优化配置，提高教学管理的科学化水平。通过科学论证体育场地、设施、师资等各类教学资源的使用效益，合理调配和整合资源，体育教育科研能够最大限度地发挥资源效用，以最小的投入获得最佳的教学效果，从而整体提升体育教学工作的效能。

加强体育教育科研，推动科研成果转化应用，是高校体育工作的重要使命。面对日新月异的时代变革和学生成长需求，高校体育教学必须立足科研导向，紧跟前沿动态，不断创新发展。为此，高校应进一步完善体育教育科研管理和考评机制，为广大体育教师开展科研工作提供制度保障和政策支持。同时，要加强科研团队建设，搭建跨学科交流合作平台，鼓励教师积极申报各级各类科研项目，推进产学研用相结合，切实提高体育教育科研水平。

第二节 体育教学改革的理论基础

一、现代教育理论

（一）学习者中心理论

学习者中心理论是现代教育理论的重要组成部分，它强调学生在教学过程中的主体地位和能动性。这一理论深刻揭示了教与学的本质，为高校体育教学改革提供了重要启示。在学习者中心理论指导下，高校体育教学必须充分尊重学生的个体差异，关注其兴趣爱好和发展需求，激发其学习动机和主动性，促进其身心健康全面发展。

传统的高校体育教学往往以教师为中心，强调知识的传授和技能的训练，忽视了学生的主体体验和个性化发展。学生在这种教学模式下容易失去学习兴趣，难以形成终身体育锻炼的意识和习惯。学习者中心理论的提出，为扭转这一局面提供了新的思路。在这一理论指导下，教师不再是高高在上的权威，而是学生学习的引导者、协助者和共同参与者。教师要充分尊重学生的个体差异，根据其兴趣爱好、运动基础和身心特点，因材施教，提供多样化的体育学习机会。同时，教师还要创设民主、平等、互动的课堂氛围，鼓励学生大胆质疑，勇于创新，积极思考，主动参与，充分调动其学习积极性。

学习者中心理论还要求体育教学内容要贴近学生生活实际，注重实用性和应用性。教学内容不应局限于某些传统的竞技性项目，而应涵盖健身、娱乐、康复等多方面，满足学生多元化的发展需求。在教学组织形式上，要打破“满堂灌”式的课堂教学，广泛开展体验式、探究式、合作式等学习，引导学生在实践中感悟体育运动的乐趣，体验团队协作的魅力。同时，还要充分利用现代信息技术手段，构建泛在化的学习环境，为学生提供更加丰富、灵活的学习资源和途径。

学习者中心理论的核心在于促进学生自主学习和终身学习能力的形成。在这一理论指导下，体育教学不应以掌握某些运动技能为终极目标，而是要着眼于学生综合素质的提升，特别是自主学习、独立思考、创新实践等关键能力的培养。为此，教师要引导学生合理设置学习目标，科学制订学习计划，掌握有效的学习策略，养成自我监控和反思的习惯。通过潜移默化的熏陶和引导，帮助学生逐步形成自主学习体育的意识和能力，为其终身体育锻炼奠定坚实的基础。

学习者中心理论是高校体育教学改革的重要理论指引。在这一理论指导下，高校体育教学必须立足学生，面向学生，一切为了学生。只有充分发挥学生的主体性，尊重其个性化发展，激发其内在动力，才能真正实现体育教学的育人功能，促进学生身心健康和谐发展。这既是深化高校体育教学改革的必然要求，也是培养德智体美劳全面发展的社会主义建设者和接班人的必由之路。

（二）教育公平理论

教育公平理论是推动高校体育教学改革的重要基石。它强调为所有学生提供平等参与体育教学活动的机会，不分性别、种族、社会经济地位等因素，真正做到因材施教、教学相长。在这一理念指导下，高校体育教学必须突破传统的精英化、单一化模式，转而探索多元化、个性化的教学路径，以满足不同学生的需求和兴趣。

实现教育公平并非易事，它对教师提出了更高的要求。教师不仅要具备扎实的专业知识和技能，更要具有敏锐的洞察力和同理心，能够发现每个学生的独特潜质，并因势利导，帮助其挖掘和发展运动天赋。同时，教师还要创设开放、包容的教学氛围，鼓励学生大胆尝试、勇于创新，在体育运动中体验成功的喜悦和进步的快感。只有这样，才能真正激发学生的学习热情，培养其终身体育锻炼的意识和习惯。

教育公平理论的落实还需要制度层面的保障。高校应该完善体育场地设施建设，为学生提供充足、安全的运动空间；合理调配师资力量，确保体育教学质量；改革考核评价机制，注重过程性评价和个性化评价，充分肯定每个学生的进步和成长。高校还要加强与社区、家庭的联系，共同营造良好的体育氛围，为学生的全面发展提供有力支撑。

（三）终身学习理论

终身学习理论强调学习是一个持续不断的过程，不应局限于学校教育阶段，而应贯穿个人一生。这一理论为高校体育教学改革指明了方向，即体育教学不仅要注重学生在校期间的身体素质和运动技能培养，更要着眼于帮助学生形成终身体育锻炼的意识和习惯。

要实现这一目标，高校体育教学首先需要改变传统的课堂教学模式，将体育知识的传授与体育实践紧密结合，引导学生在亲身体验中感悟体育锻炼的乐趣和意义。通过设计丰富多样、寓教于乐的教学活动，激发学生的运动兴趣和参与热情，使其主动投入到体育学习中来。同时，教师还应注重培养学生的自主学习能力，鼓励其根据自身特点和需求，制订个性化的体育锻炼计划，并坚持付诸实践。

高校体育教学应拓宽学生的体育视野，帮助其了解体育运动的多样性和广泛性。除了传统的竞技性项目外，教师可以引入更多具有终身价值的体育活动，如健身操、瑜伽、户外运动等。通过接触不同类型的体育项目，学生能够找到适合自己的运动方式，并在毕业后继续保持锻炼习惯。体育教学还应加强与其他学科的交叉融合，探索体育与健康、体育与美育等多元化的教学内容，促进学生全面发展。

高校体育教学要为学生营造良好的体育环境和氛围。学校应加大体育场地、设施的建设力度，为学生提供便利的锻炼条件。同时，要积极开展形式多样的校园体育活动，如运动会、球类比赛、健身俱乐部等，营造浓厚的体育文化氛围。在这种环境中，学生能够更自觉地参与体育锻炼，并逐渐将其内化为一种生活方式。

高校体育教学还应注重培养学生的体育素养和健康意识。在教学过程中，教师不仅要传授体育技能，更要引导学生树立正确的体育价值观，懂得体育锻炼对于身心健康、生活质量的重要意义。同时，要帮助学生掌握科学的锻炼方法和健康管理知识，提高其自我保健能力。只有具备了扎实的体育素养和健康意识，学生才能真正成为自觉的“终身学习者”。

二、终身体育理念

（一）终身体育的概念

终身体育理念将体育活动视为个人生命历程中不可或缺的重要组成部分。它强调体育运动不应局限于学校教育阶段，而应贯穿个人一生，成为生活方式的重要内容。这一理念的提出，源于人们对体育活动内涵和价值的新认识。

在传统观念中，体育往往被视为学校教育的附属品，其主要目的是为了增强学生体质、培养体育技能。然而，随着社会的发展和人们健康意识的增强，体育的内涵和功能日益丰富。现代体育不仅关注身体素质的提升，更注重个人全面发展和生活质量的提高。它不仅能够增进身心健康，还能够陶冶情操、塑造人格、促进社交。正是基于对体育内涵的全新理解，终身体育理念应运而生。

终身体育理念的核心在于，体育活动应该成为个人生命全过程中的常态化选择。每个人都应该主动、持续地参与体育锻炼，将其作为日常生活的重要组成部分。这种参与不应受到年龄、职业、环境等外部因素的限制，而应源于个人内在的需求和动机。通过终身坚持体育锻炼，个人可以在不同人生阶段获得健康、快乐、自信等多方面收益，实现身心的全面发展和生命价值的持续提升。

为了践行终身体育的理念，个人需要树立正确的体育观念，养成自觉参与体育活动的习惯。这就要求学校体育教育承担起奠基的重任，通过科学的课程设置和教学组织，帮助学生掌握必要的体育知识和技能，培养其体育兴趣和参与动机，为其终身体育打下坚实的基础。同时，社会各界也应该为个人终身参与体育活动提供必要的环境和条件支持，如完善公共体育设施、开展全民健身活动、营造良好的体育文化氛围等。

（二）终身体育与健康生活

终身体育与健康生活密切相关，它强调将体育活动作为个人生命历程中不可或缺的组成部分。在现代社会，体育锻炼已经成为维护身心健康、提高生活质量的重要途径。通过持之以恒地参与体育活动，个人不仅能够增强体质，预防慢性疾病，还能缓解压力，陶冶情操，获得愉悦的情感体验。从这个角度来看，终身体育不仅是一种体育理念，更是一种健康的生活方式。

体育活动对健康的积极影响已得到广泛认可。大量研究表明，经常进行适度的体育锻炼有助于控制体重，降低患心血管疾病、糖尿病等慢性病的风险。同时，体育运动还能促进新陈代谢，增强免疫功能。此外，体育活动对心理健康同样具有重要价值。在运动过程中，人们可以暂时远离日常烦恼，释放内心压力，获得身心的放松和愉悦。这种积极的情绪体验不仅能够改善心情，提升幸福感，还能增强自信心和自我效能感。长此以往，个人的心理素质和应对能力也会得到提高。

三、素质教育理论

（一）素质教育的含义

素质教育是一种全新的教育理念和模式，其核心在于促进学生全面而富有个性地发展。相较于传统的应试教育，素质教育更加注重学生身心素质与社会能力的提升，旨在培养德智体美劳全面发展的社会主义建设者和接班人。

素质教育的内涵十分丰富，涵盖了学生发展的诸多方面。从身体素质的角度来看，素质教育强调增强学生体质，培养其健康的生活方式和积极向上的精神面貌。通过体育课程与校园体育活动，学生能够锻炼身体，增强体能，塑造强健的体魄。同时，体育锻炼还能培养学生的意志品质，如勇敢、顽强、坚韧不拔的精神。

从智力发展的维度来看，素质教育注重开发学生的智力潜能，培养其创新思维和问题解决能力。通过启发式、探究式的教学方法，教师引导学生主动思考，积极探索，学会运用知识分析问题、解决问题。在此过程中，学生的逻辑思维、批判性思维等智力因素得到充分训练和提升。与此同时，素质教育还重视学生学习兴趣的培养，激发其内在的求知欲望，使其成为真正意义上的自主学习者。

从道德品质的塑造来看，素质教育注重培养学生高尚的情操和正确的价值观。通过德育课程与校园文化建设，学生能够树立正确的世界观、人生观、价值观，形成良好的道德品质和行为习惯。素质教育强调加强学生的社会责任感，培养其关心集体、奉献社会的精神，引导其成长为有理想、有道德、有文化、有纪律的社会主义合格公民。

素质教育还重视学生社会能力的培养。通过丰富多彩的社团活动和社会实践，学生的组织协调能力、沟通表达能力、团队合作意识等得到锻炼和提升。在与他人互动的过程中，学生学会换位思考，懂得包容和欣赏，增强了社会适应能力。同时，社会实践活动还能拓宽学生视野，增强其社会责任感，促进其全面发展。

（二）素质教育与体育教学

素质教育是教育领域的重要理念，它强调教育不仅要传授知识，更要注重学生综合素质的培养。体育教学作为学校教育的重要组成部分，在实施素质教育中发挥着不可替代的作用。体育教学通过丰富多彩的体育活动，在促进学生身心健康发展的同时，还能够培养学生的意志品质、道德修养、社会适应能力等方面的综合素质。

从身体素质的角度来看，体育教学能够有效增强学生的体质，提高其运动能力。通过科学的体育锻炼，学生的心肺功能、肌肉力量、柔韧性、协调性等各方面的身体素质都能得到全面发展。良好的身体素质不仅是学生健康成长的基础，也是其终身从事体育锻炼的重要保障。同时，在体育教学过程中，学生还能掌握科学的锻炼方法和健康生活方式，为今后的健康生活奠定坚实的基础。

从心理素质的角度来看，体育教学能够培养学生良好的个性心理品质。在体育运动中，学生需要克服困难、挑战自我、争取胜利，这一过程能够锻炼其顽强拼搏的意志品质和乐观进取的生活态度。同时，体育活动还能帮助学生树立自信心、增强自我效能感，培养其积极乐观、坚韧不拔的品格。这些良好的心理素质不仅有助于学生更好地适应学习和生活，也将成为其未来发展的宝贵财富。

从社会适应能力的角度来看，体育教学为学生提供了广泛参与社会交往的机会。在体育活动中，学生需要与他人合作、沟通，学会遵守规则、尊重对手，这一过程能够提高其团队协作能力和社会交往能力。同时，体育比赛还能培养学生的竞争意识和公平竞争的体育道德，使其学会在竞争中自我约束、自我完善。这些社会适应能力的培养，对于学生未来更好地融入社会、适应社会具有重要意义。

从道德修养的角度来看，体育教学蕴含着丰富的育人资源。在体育运动中，学生需要遵守体育道德和行为规范，培养诚实、守信、友善、正直等优良品德。同时，体育活动还能引导学生树立集体主义观念，增强其社会责任感和奉献精神。这些良好的思想道德素质，不仅是学生健康成长的重要内容，更是社会主义精神文明建设的必然要求。

第三节　体育教学改革的目标与原则

一、改革目标的设定依据

（一）社会发展趋势与体育需求匹配

社会发展趋势与体育需求正在发生深刻变革，人才培养模式和教育教学理念也面临新的挑战。在这一背景下，高校体育教育必须准确把握时代脉搏，深入分析社会对体育人才的需求，及时调整人才培养目标和培养方案，为未来社会发展提供充足的体育人才储备。

从宏观层面来看，随着经济社会的快速发展和人民生活水平的不断提高，全民健身已经成为一项重要的国家战略。2022 年全国体育产业总规模突破 3．3 万亿元，这意味着，社会对体育指导、体育管理、体育科研等专业人才的需求将持续增长。高校作为培养高层次专业人才的主阵地，必须加快体育学科建设和人才培养步伐，为体育事业发展提供强有力的人才支撑。

从人的全面发展的视角来看，体育不仅是增强体质、提高健康水平的重要手段，更是实现全面发展、提升综合素养的关键途径。在素质教育理念指引下，社会各界对学生身心全面发展的重视程度空前提高，对学校体育工作提出了更高期望。高校体育教学必须立足育人导向，将体育运动技能培养与品德教育、美育、劳动教育等有机结合，帮助学生形成正确的世界观、人生观、价值观，培养其吃苦耐劳、团结协作、勇于拼搏的优秀品质。

（二）学生身心发展基本规律

学生身心发展规律作为确定体育教学目标的重要依据，决定着体育教学活动的针对性和有效性。体育作为学校教育的重要组成部分，其根本目的在于促进学生身心全面、和谐发展。因此，体育教学目标的设定必须立足学生生理与心理发展的客观规律，符合其成长需求和教育规律。

从生理角度来看，大学生正处于身体机能逐步走向成熟、体能水平不断提高的关键时期。这一阶段，学生的骨骼、肌肉、心肺等各项生理机能都在快速发展，但同时也存在个体差异较大、机体尚未完全定型等特点。因此，体育教学应充分考虑学生生理发展的敏感期和关键期，有针对性地安排教学内容和训练强度，既要给予适度的生理刺激以促进机能发育，又要避免因运动大量过大而影响身体健康。例如，可以通过多样化的体育项目和游戏，发展学生的速度、力量、耐力、灵敏等基本素质；通过科学的体能训练和专项练习，提高学生的运动能力和技战术水平。

从心理角度来看，大学阶段是学生人格、情感、社交等心理品质逐渐成熟和稳定的重要时期。这一时期，学生的自我意识逐渐增强，价值观念日益多元化，对师生关系、同伴关系的依赖性降低，而独立性、自主性提高。同时，他们面临专业学习、人际交往、情感发展等多重压力，心理问题也较为突出。因此，体育教学应关注学生的心理特点和需求，发挥体育运动在情绪调节、压力缓解、人际交往等方面的积极作用。例如，可以创设轻松愉悦的教学氛围，组织丰富多彩的竞赛活动，培养学生乐观进取的精神品质；开展团队协作项目，促进学生社会交往能力的提升；引导学生树立体育锻炼的终身意识，学会通过运动调节情绪、舒缓压力。

基于学生生理和心理发展规律，大学体育教学应树立“健康第一”的指导思想，充分尊重学生的个体差异和全面发展需求，构建“大体育”教学模式。一方面，教学内容要突出多样性、综合性，在保证掌握基本运动技能的同时，注重拓展学生的体育视野、丰富其健身手段；另一方面，教学组织形式要灵活多变，尊重学生的自主选择，鼓励其主动参与体育锻炼。与此同时，还应加强体育与其他学科的交叉融合，充分发掘体育运动在德育、智育、美育等方面的教育价值，促进学生身心全面协调发展。

二、提升学生体质与健康水平的目标

（一）健康素养核心内容与评价指标

健康素养是个体获取和理解基本健康信息与服务，并运用这些信息和服务做出正确决策，以维护和促进自身健康的能力。它涵盖了健康知识、健康意识、健康行为与生活方式等多个方面，是衡量国民健康水平的重要指标。在高校体育教学改革中，提升学生的健康素养理应成为核心目标之一。

要切实提高学生的健康素养，首要任务是明确其内涵和构成要素。一般来说，健康素养主要包括基本健康知识、健康生活技能、健康行为习惯三个层面。

①基本健康知识是指个体对疾病预防、身心保健等方面的基本认知和理解，如常见病的防治、心理健康维护、意外伤害预防等。这些知识是个体树立正确健康观念的基础，也是其进行健康决策和采取健康行为的前提。②健康生活技能主要指个体在日常生活中维护和促进健康所需掌握的各种能力，如体育锻炼、饮食营养、压力管理、人际交往等。这些技能能够帮助个体将健康知识转化为具体行动，形成良好的生活方式。③健康行为习惯则是在健康知识和技能的基础上，个体在日常生活中持续采取的、有利于维护和促进健康的各种行为表现，如规律作息、合理膳食、适度运动、戒烟限酒等。可以说，知识是基础，技能是桥梁，行为习惯则是健康素养的直接体现。

高校体育教学要推动学生健康素养的提升，就必须在目标设定、内容设计、教学实施、效果评价等环节充分体现上述内涵要求。具体而言，应将增强学生健康意识、传授健康知识、培养健康技能、塑造健康行为习惯作为体育课程的重要目标，并据此优化课程内容，加强理论与实践相结合，改进教学方式。比如，在体育教学过程中，教师不仅要讲授体育运动的基本知识和技能，还应重点强调体育锻炼对身心健康的积极意义，帮助学生树立“健康第一”的理念。又如，要充分利用体育活动的独特优势，通过设置趣味性、竞争性的练习项目，鼓励学生积极参与，在运动实践中提高健身技能，强化体育锻炼习惯。再如，应积极拓展体育健康教育的内容，融入心理健康、饮食健康、生活方式等相关知识，引导学生全面理解健康内涵。与此同时，还要注重将课内教学与课外实践有机结合，利用各种资源和载体，营造浓厚的体育健康文化氛围，推动学生健康行为的养成。

除了优化健康教育内容和改进教学方式，科学制订和有效运用健康素养测评标准，也是保障教学质量、引导教学实践的重要手段。一方面，要根据健康素养的内涵要求，构建涵盖健康知识、健康技能、健康行为等方面的多维评价指标体系，并设计相应的测量工具，如知识测验、技能操作、行为观察等。这些测评指标和工具要具有较高的信度和效度，能够全面、客观地反映学生健康素养的发展水平。另一方面，要结合学生的年龄特点和认知水平，合理设定阶段性的培养目标和评价标准。对于不同年级、不同专业的学生，应根据其身心发展规律和健康需求，制订差异化的考核要求。

（二）日常体育锻炼与健康促进计划

在构建适应学生生活习惯的体育锻炼方案时，首要任务是深入分析学生的运动需求和行为特点。通过问卷调查、访谈等方式，全面了解学生的体育锻炼现状，包括运动项目偏好、运动时间分配、运动场地选择等，为后续方案设计提供扎实的数据支撑。同时，还要关注学生的学习生活规律，充分考虑其课程安排、作息时间等因素，确保体育锻炼方案与学生的日常生活相契合。

在掌握学生需求特点的基础上，体育锻炼方案的设计应遵循科学性、多样性、趣味性的原则。科学性要求方案的制订依据运动生理学、运动心理学等学科理论，通过合理安排运动负荷、运动时间和运动频率，确保锻炼效果的最优化。多样性则强调方案内容的丰富性，根据不同学生的兴趣爱好和体质特点，提供多元化的运动选择，如球类运动、田径运动、游泳、瑜伽等，满足学生个性化发展的需要。趣味性旨在增强体育锻炼的吸引力和参与感，可以通过融入游戏元素、组织团体竞赛等方式，激发学生的运动热情。

具体而言，体育锻炼方案可以从运动时间、运动地点、运动形式等维度进行系统设计。在运动时间方面，可以利用午休、课间等碎片化时间，开展短时高效的体育锻炼，如跳绳、俯卧撑等；也可以利用周末或节假日，组织半天或一天的户外运动，如徒步、骑行等。在运动地点方面，除了充分利用学校操场、体育馆等场地资源，还可以拓展到学校周边的公园、社区等，为学生提供更加多元的运动环境。在运动形式方面，可以根据项目特点采取个人练习、小组合作、团体竞赛等多种组织形式，提高学生的参与度和互动性。

体育锻炼方案还应注重与学校体育教学的有机衔接，充分发挥体育课程的引领和示范作用。教师可以在体育课上重点讲解运动技能要领、运动安全常识等，帮助学生掌握科学锻炼的方法，并设计一些延伸性的课后练习任务，引导学生将课堂所学运用到课外锻炼中。同时，还可以定期开展体育健康讲座、运动技能培训等活动，不断提升学生的体育健康素养。

（三）健康知识普及与生活习惯培养

健康知识普及与生活习惯培养是高校体育教学改革的重要内容，对于提升学生体质健康水平、塑造健康人格具有重要意义。在当前社会转型和生活方式快速变迁的背景下，学生面临着诸多健康风险和挑战，如久坐少动、饮食不均衡、心理压力大等。这些问题不仅影响学生的身体健康，也制约其学习效率和全面发展。因此，在体育教学中加强健康知识普及，引导学生养成健康的生活习惯，已经成为高校体育教学改革的迫切需要。

高校体育教学要充分发挥主阵地作用，将健康知识的传授融入各个教学环节。在理论课教学中，教师应系统讲解健康的基本概念、影响健康的主要因素、常见疾病的预防措施等，帮助学生树立正确的健康观念。在实践课教学中，教师应结合不同运动项目的特点，讲解运动处方、运动损伤预防、体能恢复等方面的知识，提高学生科学健身的意识和能力。同时，教师还应利用现代信息技术手段，开发健康知识普及的网络课程和移动应用，拓展健康教育的时空边界，使其渗透到学生的日常生活中。

在健康知识普及的基础上，体育教学还应引导学生将健康行为内化为自觉的生活习惯。这需要教师在体育教学中为学生创设丰富的实践机会，并给予必要的指导和帮助。例如，教师可以组织学生参与晨练、课间操、健步走等体育锻炼活动，帮助其养成坚持锻炼的习惯；开展“健康饮食周”等活动，引导学生合理膳食、均衡营养；举办心理健康讲座、压力管理工作坊等，提升学生的心理调适能力。通过在体育教学中持续渗透健康理念，强化健康实践，学生的健康素养和自我管理能力就能得到有效提升。

建立完善的健康管理和评价制度，是保证健康教育成效的重要举措。教师应制订科学的学生健康标准，定期对学生的体质健康状况进行监测和评估，并据此调整教学计划和训练安排。同时，学校还应构建家、校、社会三位一体的立体化健康教育网络，充分发挥家庭和社会的教育合力。例如，学校可以邀请家长和社区医务人员参与健康教育活动，为学生提供多元化的健康指导和服务；引入第三方体质健康测评机构的专业力量，为学生健康管理提供智力支持。

三、培养学生终身体育意识的目标

（一）终身体育意识内涵与重要性

终身体育意识是指个人对体育锻炼的重视程度和参与热情，以及将体育运动作为生活方式的一部分并持之以恒的态度和行为倾向。它不仅仅局限于学校教育阶段，而是伴随个人一生，对其身心健康发展产生深远影响。在当前社会背景下，树立终身体育意识对于提升国民素质、推动全民健身运动、促进体育事业发展都具有重要意义。

从个人发展的角度来看，终身体育意识是培养自觉参与体育锻炼习惯、掌握必要运动技能、增强身体素质、缓解生活压力、愉悦身心的关键。它使个人能够在不同人生阶段，根据自身条件和需求，持续享受体育带来的乐趣和裨益。

具备终身体育意识的人，往往能够更好地把握锻炼方式和强度，科学地安排时间，合理地评估自我，从而真正将体育内化为生命不可或缺的组成部分。

从社会发展的角度来看，公民的终身体育意识是推动全民健身、提升国民身体素质和健康水平的基石。随着经济发展和生活水平的提高，人们对美好生活的向往日益增强，而体育无疑是实现美好生活的重要途径。倡导终身体育，有助于调动全社会的积极性，营造健康文明、充满活力的社会氛围。同时，群众体育意识的提升，也将推动体育产业升级，为经济社会发展注入新的动力。

从国家发展的角度来看，终身体育意识关乎民族复兴伟业。体育强则中国强，国民素质提升是实现中华民族伟大复兴的重要基础。培养国民终身体育意识，使体育真正成为人民群众的自觉追求和生活方式，是新时代体育工作的重点任务。这不仅需要政府加大投入、完善公共体育服务，更需要全社会形成共识，家庭、学校、社区携手发力，为终身体育营造良好的制度环境和社会土壤。

高校体育教学在培养学生终身体育意识方面肩负着不可替代的重任。大学阶段是学生形成世界观、人生观、价值观的关键时期，也是养成终身锻炼习惯的最佳时机。高校体育教学要突破应试教育思维的束缚，树立“健康第一”的指导思想，将“终身体育”理念贯穿体育教学全过程。一方面，要创新体育课程内容和教学方法，提高学生参与的主动性和课堂教学的吸引力，使其真正感受到体育的魅力；另一方面，要搭建校园体育文化平台，营造浓厚的体育锻炼氛围，引导学生在课外自觉参与各类体育活动，逐步内化终身体育的意识和行为。

（二）体育课程设置与终身体育能力培养

合理的课程设计不仅能够帮助学生掌握基本的体育技能，更能培养其体育意识，激发其运动兴趣，为终身体育打下坚实的基础。在课程设置过程中，教师应充分考虑学生的个体差异和实际需求，遵循体育教学规律，创新教学模式和方法，最大限度地发挥体育课程的育人功能。

体育课程内容的选择应紧密结合学生的年龄特点、认知水平和身心发展规律。对于低年级学生，课程内容应以趣味性、游戏性为主，注重培养学生的身体协调性和基本运动能力。随着年级的升高，课程内容应逐步增加难度和强度，引入更多的体育项目和技战术训练，提高学生的运动技能和体能水平。同时，体育课程还应融入健康教育内容，帮助学生树立正确的健康观念，养成良好的生活习惯。

在教学模式上，体育课程设计应突破传统的“老师讲，学生练”的单一模式，积极探索互动式、启发式的教学方法。教师可以通过提问、讨论、示范等方式，引导学生主动思考，积极参与，调动其学习的积极性和主动性。针对不同的体育项目，教师还可以采用分组教学、情境教学等多样化的组织形式，为学生提供充分展示和锻炼的机会。

体育课程考核评价是引导学生学习行为、提高学习效果的重要手段。传统的体育考核往往过于注重标准和结果，忽视了学生的进步和努力。为了更好地激励学生，体育课程评价应采取过程性评价与终结性评价相结合的方式，全面考察学生的课堂表现、运动技能、身体素质等多个方面。同时，评价标准应体现弹性和人文关怀，充分尊重学生的个体差异，给予其成长的空间和机会。

学校还应重视体育课程与课外体育活动的有机衔接，为学生提供更多参与体育锻炼的机会和平台。通过开设体育社团、举办体育竞赛、组织体育节等形式，鼓励学生将课上所学运用到课外，养成自觉锻炼的习惯。学校还可以加强与社区体育组织的合作，整合资源，拓宽学生参与体育活动的渠道。

（三）校外体育活动与终身运动习惯形成

校外体育活动在培养学生终身运动习惯方面具有独特优势。相比课堂教学，校外体育活动形式更加灵活多样，能够充分激发学生的运动兴趣和参与热情。学生可以根据自己的爱好和特长，自主选择参与不同类型的体育活动，如球类运动、田径、游泳、舞蹈等。这种自主选择的过程，有助于学生形成个性化的运动偏好，为终身体育打下坚实的基础。

校外体育活动还能营造轻松愉悦的运动氛围，让学生在运动中体验乐趣和成就感。与竞技性的体育比赛不同，校外体育活动更强调参与过程和体验，而非结果和名次。在这种氛围中，学生能够摆脱学业压力，尽情享受运动的快乐。同时，通过与他人互动、合作、竞争，学生的社交能力和团队意识也能得到锻炼。这些积极的情感体验，将成为学生坚持体育锻炼的内在动力。

校外体育活动还能拓宽学生的运动视野，接触更多元化的运动项目。学校可以利用社会资源，如体育俱乐部、社区活动中心等，为学生提供丰富的运动选择。通过参与不同类型的体育活动，学生能够发现自己的运动潜力，挖掘新的兴趣爱好。这种多元化的运动体验，有利于学生在不同生命阶段保持运动习惯，找到适合自己的终身运动方式。

校外体育活动的开展，还需要学校、家庭、社区的密切配合。学校应制订科学的校外体育活动计划，为学生提供必要的场地、器材和指导。家长要树立正确的体育观念，支持和鼓励孩子参与校外体育活动。社区则要充分发挥自身优势，为学生营造良好的体育环境。三者的通力合作，才能真正发挥校外体育活动在培养学生终身运动习惯中的积极作用。

四、体育教学改革的基本原则

(一) 学生主体性原则

在高校体育教学改革中，坚持学生主体性原则，尊重学生的个性发展，满足学生多样化的体育需求，对于提升体育教学质量，促进学生全面发展具有重要意义。

从体育教学目标设置来看，学生主体性原则要求教师充分考虑学生的身心发展特点和个性差异，制订科学合理、富有弹性的教学目标。教师不应将自己的主观意志强加于学生，而应通过与学生平等对话，了解他们的兴趣爱好、运动基础和发展诉求，在此基础上确定既符合体育课程标准，又适合学生实际的教学目标。只有让学生参与到目标设置过程中来，调动其主动性和积极性，才能真正实现因材施教，帮助每一位学生获得最大限度的发展。

从教学内容选择来看，学生主体性原则要求教师立足学生需求，不断更新和丰富教学内容。传统的体育教学内容往往局限于一些大众化的运动项目，如篮球、足球、田径等，难以满足学生日益多元化的需求。为此，教师应积极开发具有时代特征和学生喜爱的新兴运动项目，如瑜伽、街舞、极限运动等，为学生提供更多选择的机会。同时，教师还应重视传统民族体育的传承和创新，将武术、龙舟、毽球等项目纳入体育教学内容。唯有根据学生的兴趣点来选择教学内容，才能激发其体育锻炼的内在动力，促进其自主、愉悦地投入到体育学习中。

从体育教学方法运用来看，学生主体性原则要求教师创新组织形式，提高学生的参与度。长期以来，体育教学以教师讲解示范为主，学生被动模仿练习为辅，难以调动学生学习的主动性。为了突破这一局限，教师应大胆尝试启发式、探究式、合作式等教学方法，最大限度地为学生提供自主学习、相互协作的平台。例如，教师可以设计一些开放性的练习任务，鼓励学生自行设计方案、组织实施；又如，教师可以采用小组对抗的形式组织教学，培养学生的团队意识和竞争精神。总之，通过灵活多样的教学组织形式，让学生成为学习的主人，才能真正发挥其主体作用，提升体育教学的针对性和实效性。

从教学评价体系来看，学生主体性原则要求教师转变评价理念，构建多元化的评价体系。传统的体育教学评价过于强调运动技能的掌握，忽视了学生在情感、态度、价值观等方面的变化，不利于其全面发展。为了扭转这一局面，教师应树立“以人为本”的评价理念，将过程性评价和终结性评价相结合，全面考察学生的运动参与、进步幅度、团队协作等表现。同时，教师还应重视学生的自我评价和互评，引导其学会反思总结，找出差距不足，增强体育学习的内驱力。唯有构建起科学规范、多元立体的评价体系，才能准确把握学生的发展变化，为其提供针对性的指导和帮助。

（二）适宜性原则

体育教学内容适宜性原则强调，高校体育教学内容的设置应当符合学生的身心发展特点和规律。这一原则的提出，源于对学生主体地位的尊重，以及对高校体育教学内容科学性、针对性的追求。只有根据学生的年龄特点、认知水平、运动基础等因素，精心设计体育教学内容，才能真正调动学生参与体育学习的积极性，实现体育教学的育人目标。

从生理发展角度来看，大学生正处于身体迅速发育、机能日趋完善的阶段。这一时期，学生的骨骼、肌肉、心肺功能等都已经基本发育成熟，具备参与各类体育运动的良好生理基础。因此，高校体育教学内容应当具有一定的广度和深度，涵盖力量、速度、耐力、灵敏、协调等多个身体素质的练习，并适度提高运动强度和难度，以充分发掘学生的运动潜力，促进其身体综合素质的全面提升。

从心理发展角度来看，大学生已经步入成年早期，自我意识逐渐增强，独立思考和判断能力不断提高。同时，他们的兴趣爱好日趋多元化，对于个性化、自主性的学习方式有着更高的诉求。因此，高校体育教学内容应当遵循因材施教的原则，提供丰富多样的运动项目选择，鼓励学生根据自身特点和兴趣爱好，主动参与体育锻炼。通过自主探索、合作学习等方式，学生能够获得更多的成就感和自信心，树立终身体育的意识和习惯。

从认知发展角度来看，大学生已经具备一定的抽象思维和逻辑推理能力，能够运用所学知识分析和解决问题。因此，高校体育教学内容不应局限于单纯的技能训练，而应注重理论与实践的结合，帮助学生建立完整的体育知识体系。例如，教师可以在篮球教学中渗透战术配合的原理，引导学生运用所学技战术分析比赛，提出合理的应对策略。又如，在体能训练中，教师可以讲解人体生理结构与功能的基本知识，帮助学生科学地进行力量、耐力等素质的练习。通过理论学习与运动实践的紧密结合，学生不仅能够掌握扎实的运动技能，还能提升运用知识分析、解决问题的能力，为未来的学习、工作和生活奠定良好基础。

高校体育教学内容的设置还应体现时代性和前瞻性，紧跟体育运动发展的新趋势、新动向。一方面，要积极吸收现代体育科学的新成果，如运动营养学、运动心理学、运动生物力学等，丰富和更新高校体育教学内容，使之更加科学、先进；另一方面，要关注学生的现实需求和社会发展需要，及时将新兴运动项目纳入高校体育教学内容，如瑜伽、攀岩、定向越野等，以拓宽学生的运动视野，提高学生的社会适应能力。

（三）多样性原则

高校体育教学方式多样性原则是指在高校体育教学改革中，应根据不同学生的个性特点和学习需求，灵活采用多种教学方法和手段，以提高教学效果和学生的学习兴趣。这一原则的提出，既是对传统单一化、程式化教学模式的反思，也是对学生主体地位的尊重和体现。

在实践中贯彻体育教学方式多样性原则，首先需要改变教师的教学理念。教师要树立以学生为中心的教学思想，充分认识到每个学生都是独特的个体，在体育学习的兴趣、基础和能力等方面存在差异。因此，教师不应该“一刀切”地对待学生，而应根据学生的实际情况因材施教。例如，对于体育基础较好的学生，教师可以适当提高教学难度，布置一些富有挑战性的学习任务；而对于基础较弱的学生，教师则要给予更多的关注和指导，设计一些易于接受和掌握的教学内容。只有做到因材施教、因人而异，才能最大限度地调动每个学生学习的积极性，促进其体育技能的提升。

体育教学方式多样性原则要求教师掌握和运用多种教学方法。传统的体育教学往往以教师讲授为主，学生被动听讲，缺乏互动和参与。这种教学方式不仅难以激发学生的学习兴趣，也不利于其主动探索和实践能力的培养。为了突破这一局限，教师应积极探索启发式、互动式、情境式等多种教学方法，营造良好的教学氛围。例如，教师可以通过提问、讨论等方式，引导学生主动思考问题、表达自己的见解；又如，教师可以创设贴近学生生活的教学情境，增强体育教学内容的趣味性和吸引力。多种体育教学方法的综合运用，不仅能够提高教学效率，更能激发学生的主动性和创造性，使其在“玩中学”“学中玩”。

体育教学方式多样性原则还体现在教学手段的创新运用上。随着现代信息技术的飞速发展，多媒体、虚拟现实、人工智能等新兴技术日益走进课堂，为体育教学注入了新的活力。教师应积极拥抱这些新技术、新工具，将其与传统教学手段相结合，创设丰富多彩的教学情境。例如，教师可以借助多媒体技术，通过图片、视频、动画等形式生动地展示体育运动的规则和技巧；又如，教师可以利用虚拟现实技术，让学生在仿真环境中体验和练习各种体育项目。新技术与传统教学手段的融合，能够为学生提供沉浸式、交互式的学习体验，激发其探索未知的热情。

第二章　高校体育课程体系的重构

第一节　课程体系改革的指导思想与目标

一、课程体系改革的指导思想

（一）体现终身体育理念的指导思想

终身体育理念强调体育不仅是一门学校课程，更是一种伴随个体终身发展的生活方式。它旨在培养学生参与体育锻炼的意识和习惯，使其掌握必要的体育与健康知识和运动技能，养成积极健康的生活方式。将终身体育理念融入高校体育课程体系改革，对于推动学生的全面发展和促进国民素质的提升具有重要意义。

在高校体育课程体系改革中贯彻终身体育理念，首先需要转变教学观念，树立“健康第一”的指导思想。传统的体育教学往往过于强调竞技性和技能性，忽视了体育的健康价值和教育功能。而终身体育理念下的体育教学应该以增强学生体质、塑造健康人格为根本目标，注重培养学生主动参与体育锻炼的意识和能力。教师要树立“以人为本”的理念，根据学生的年龄特点、兴趣爱好和身心发展需求来设计教学内容和组织教学活动，激发学生的运动热情，帮助其掌握科学的锻炼方法，养成终身体育习惯。

丰富体育课程内容，构建多元化的课程体系。终身体育理念要求体育课程不仅要传授运动技能，更要渗透体育文化，培养体育精神。因此，在设置体育课程时，要注重综合性和选择性，为学生提供多样化的运动项目和锻炼形式。除了传统的球类、田径、体操等课程外，还应开设健美操、瑜伽、武术、水上运动等新颖时尚的课程，以适应学生多元化的需求。同时，还要开发理论课程，如运动解剖学、运动生理学、体育保健学等，帮助学生掌握科学锻炼的理论基础。通过构建内容丰富、形式多样的课程体系，可以为学生参与终身体育提供更多选择，提高体育课程的吸引力和实效性。

创新体育教学方法，提高学生学习的主动性和参与度。终身体育理念强调自主锻炼和个性化发展，传统的“填鸭式”教学显然难以适应这一要求。为此，教师要改变“主导型”的教学方式，采用启发式、讨论式、合作式等教学方法，激发学生的学习兴趣，调动其参与体育活动的积极性。比如，教师可以运用任务驱动法，给学生布置具体的练习任务，引导其主动思考和探索；又如，采用小组合作学习，鼓励学生分工协作、相互帮助，在体育活动中培养其沟通合作能力。总之，要让学生成为学习的主人，而教师则成为引导者和合作者，在民主、平等、互动的氛围中推动学生的自主发展。

拓展课外体育，为学生参与终身体育搭建广阔平台。体育课的时间毕竟有限，要真正培养学生的终身体育意识和能力，还需要充分利用课外时间，为其提供多样化的锻炼机会和条件。一方面，学校要充分利用体育场地设施资源，在课外时间向学生开放，并配备必要的指导人员，鼓励学生课外自主锻炼；另一方面，要积极开展形式多样的校园体育活动，如体育类社团、单项体育协会、体育节、运动会等，丰富校园体育文化生活。学校还可以与社会体育资源对接，聘请优秀教练员、退役运动员来校指导，为学生的课外体育活动提供专业支持。通过课内外体育的有机结合，可以帮助学生巩固运动技能，提高运动水平，强化体育锻炼习惯，为其终身体育奠定坚实的基础。

完善考核评价体系，将终身体育理念贯穿体育教学全过程。传统的体育考核往往偏重运动技能和竞赛成绩，难以全面反映学生的体育学习效果。因此，要建立以“过程性评价”和“形成性评价”为主的考核评价体系，综合考察学生的运动参与、课堂表现、身体素质、理论知识等，引导学生努力提升体育综合素养。同时，要将课外体育纳入考核范围，对学生参加体育锻炼、体育竞赛、体育社团等情况给予客观评价，以激励学生主动参与课外体育活动。

（二）强化素质教育的核心指导思想

素质教育旨在促进学生在德、智、体、美、劳的全面发展。在高校体育教育中，这一指导思想同样具有重要意义。将素质教育理念贯穿体育课程体系改革的全过程，有利于真正实现“健康第一”的指导思想，培养学生的体育核心素养。

从知识层面来看，高校体育课程体系改革应致力于帮助学生掌握科学的体育与健康知识。通过理论课教学，使学生了解体育运动的基本原理，认识体育锻炼与身心健康的内在联系。同时，实践课教学应着重培养学生的体育运动技能，使其掌握科学的训练方法和技巧。只有建立扎实的知识和技能基础，学生才能真正养成终身体育锻炼的意识和习惯。

从能力层面来看，高校体育课程体系改革应注重培养学生的身体素质和运动能力。通过合理安排体育课时，开设丰富多样的体育项目，为学生提供充足的锻炼机会。在运动实践中，学生的力量、速度、耐力、灵敏等身体素质得到全面发展，运动能力不断提高。同时，体育活动还能培养学生的意志品质，如顽强拼搏、坚韧不拔的精神。这些宝贵的品格，将成为学生面对人生挑战时的重要财富。

从情感态度层面来看，高校体育课程体系改革应注重塑造学生积极向上的体育价值观。体育不仅是一种身体活动，更蕴含着丰富的人文内涵。在体育教学中，教师应引导学生体会体育精神，如公平竞争、团结协作、规则意识等，使其形成正确的是非观念。同时，体育活动能够陶冶学生的情操，带来美的享受，这种积极的情感体验，将促进学生身心健康水平的提升。

从社会适应层面来看，高校体育课程体系改革应培养学生良好的社会适应能力。体育运动往往具有群体性特征，需要参与者之间的密切配合。在体育活动中，学生学会了如何与他人沟通交流，如何融入集体，这种宝贵的社交能力，将使其能更好地适应未来的社会生活。

（三）适应社会需求的动态指导思想

面对现代社会飞速发展所带来的机遇和挑战，高校体育课程体系必须与时俱进，不断调整和优化，以适应时代发展的需求。这就要求我们树立动态、开放的指导思想，把握社会发展脉搏，以敏锐的洞察力捕捉时代变革带来的新趋势、新动向，进而将其转化为课程体系改革的动力和源泉。

在知识经济时代，科学技术日新月异，新兴产业不断涌现，劳动力市场对人才的需求也发生了深刻变化。高校体育课程体系要主动适应这一变化，及时调整体育教学内容，加强与相关学科的交叉融合，培养学生的创新意识和实践能力。比如，可以开设体育信息技术、运动康复等交叉学科课程，引导学生运用现代科技手段解决体育实践中的问题；又如，可以与地方经济社会发展相结合，开发具有区域特色的体育项目课程，培养适应本地产业发展需要的应用型体育人才。

在全球化浪潮的冲击下，国际体育交流日益频繁，体育文化呈现出多元化的发展态势。高校体育课程体系要顺应这一趋势，增强文化自觉，加强中外体育文化的比较和融通，培养学生的国际视野和跨文化交际能力。一方面，要传承和弘扬中华民族优秀的体育文化遗产，发掘其中的思想精华，充实课程内容；另一方面，要广泛吸收借鉴世界各国的先进体育教学理念和方法，不断更新完善教学手段，提高人才培养的国际竞争力。

在社会转型加速推进的当下，人们的健康意识不断增强，体育健身已经成为一种时尚生活方式。高校体育课程体系要顺应群众性体育的发展潮流，关注学生的多元化需求，丰富课程类型，完善服务功能。除了开设传统的体育技能类课程外，还应重视体育健身类、体育休闲类课程的开发，引导学生树立正确的健康观，掌握科学的健身方法，养成自觉参与体育锻炼的习惯，真正将体育运动融入日常生活。

动态调整优化体育课程体系，是一项复杂的系统工程，需要全方位、多层次的制度设计和政策保障。学校要建立健全相关的组织管理机制，加大资金投入，完善师资队伍，改善场地设施，为体育课程体系改革提供有力支撑。同时，要加强与社会各界的沟通合作，整合校内外资源，拓展体育实践平台，为学生提供更加丰富多样的学习机会和发展空间。

二、课程体系改革的目标设定

（一）提高学生体质健康的改革目标

健康水平的提升是高校体育课程体系改革的核心目标之一。学生的体质状况不仅关系到个人的身心健康和生活质量，更影响着国家人力资源的质量和社会的可持续发展。因此，在制订体育课程改革方案时，必须将提高学生体质健康水平作为重中之重，并通过设定科学、合理的体能指标和健康标准，来引导和评估改革的实施成效。

体能指标是衡量学生身体机能和运动能力的重要尺度。传统的体育教学往往过于注重竞技性指标，如速度、力量、耐力等，而忽视了全面均衡发展的重要性。为了突破这一局限，体育课程改革应该构建多元化的体能指标体系，既包括心肺功能、肌肉力量、柔韧性等基础指标，也涵盖协调性、灵敏性、平衡性等综合指标。同时，还要根据学生的年龄、性别、体质特点，制订差异化的指标标准，确保评价的针对性和科学性。只有建立全面、科学的体能指标体系，才能准确把握学生的身体状况，为体育教学改革提供可靠依据。

健康标准是评判学生身心健康状态的重要参照。传统的健康评价往往局限于生理指标，如身高、体重、血压等，难以全面反映学生的健康水平。为了克服这一不足，体育课程改革应该建立多层次、多维度的健康标准体系。一方面，要关注学生的生理健康，综合考虑形态指标、机能指标、素质指标等，全面评估其身体发育状况；另一方面，要重视学生的心理健康，通过量表测评、行为观察等方式，动态监测其情绪状态、适应能力、人际关系等。只有构建起涵盖生理和心理两个维度的健康标准体系，才能准确把握学生的整体健康状况，为课程改革提供全面的评判依据。

高校体育课程体系改革要充分发挥体能指标和健康标准的引领和评估作用。一方面，要以先进、科学的指标和标准为牵引，优化课程设置，创新教学模式，引导学生树立健康第一的理念，养成自觉参与体育锻炼的习惯；另一方面，要以客观、严格的指标和标准为依据，评估教学质量，考核学生成绩，将提高体质健康水平的要求落实到体育教学全过程。

（二）培育学生体育兴趣与技能的目标

培养学生体育兴趣和技能，增强其对体育活动的参与度和持久性，是高校体育课程体系改革的重要目标之一。这一目标的实现，不仅有利于促进学生身心健康，提升其体质水平，更对于培养其终身体育意识和习惯具有深远意义。

要激发学生的体育兴趣，首先需要优化体育课程内容设置。传统的体育课程往往以竞技性项目为主，难度大、训练量大，容易让部分学生望而生畏，产生畏难情绪。因此，在课程设置上要注重多样性和趣味性，增设一些新颖有趣、强调参与乐趣的体育项目，如瑜伽、街舞、定向越野等。同时，还应充分考虑学生的个体差异，为不同体育基础和兴趣爱好的学生提供针对性的课程模块，让每个学生都能找到适合自己的运动方式，在运动中获得成就感和愉悦感。

在培养学生体育技能方面，关键是要遵循学生身心发展规律，循序渐进地提升训练难度和强度。教师要根据学生的运动能力和接受程度，合理设置教学目标和任务，让学生在可接受的难度下不断挑战自我、突破自我。同时，教学过程中还应该重视基本动作的讲解和示范，加强学生正确运动方法的学习，提高练习的针对性和有效性。只有在扎实的基础上不断进阶，学生的运动技能才能稳步提升。

营造浓厚的体育氛围也是促进学生体育兴趣和习惯养成的重要途径。学校应该积极开展形式多样的体育活动，如体育节、运动会、球类比赛等，为学生提供展示自我、挑战自我的平台。在活动中，教师要充分调动学生的参与热情，鼓励他们努力拼搏、勇于争先，让他们在运动中增强自信心、培养团队意识。久而久之，体育锻炼就会成为学生生活中不可或缺的一部分。

要让学生保持体育锻炼的持久性，学校还应加强体育课程与课外体育活动的有机衔接，建立完善的课内外一体化体育教学体系。通过开设体育兴趣小组、俱乐部等形式，鼓励学生将课堂所学延伸到课外，让体育锻炼成为一种自觉行为。同时，学校还要为学生提供充足的体育场地和器材，营造良好的体育锻炼环境，为学生体育习惯的养成创造便利条件。

（三）加强学生体育精神培养的目标

体育精神是体育文化的灵魂，也是高校体育教学的重要目标。在体育运动中，团队合作与公平竞争是两大核心要素，对于塑造学生高尚的道德品质、培养其正确的价值观念具有重要意义。

在团队项目中，个人的力量总是有限的，只有通过与队友的紧密配合，才能实现共同的目标。这一过程不仅能够增强学生的集体荣誉感和责任意识，更能够培养其沟通协调、互帮互助的能力。在训练和比赛中，学生需要学会摆脱个人主义倾向，将个人利益服从于集体利益，在团队中找准自己的位置，为集体的胜利贡献自己的力量。这种无私奉献、荣辱与共的团队精神，正是社会主义核心价值观的生动体现，对于学生未来走向社会、服务国家都具有重要意义。

体育运动还蕴含着公平竞争的理念。在赛场上，运动员必须遵守规则，尊重对手，以平等的身份参与竞争。这种严格的纪律要求和道德约束，有利于培养学生遵纪守法、诚实守信的品格。通过体育竞赛，学生能够深刻认识到机会均等、规则至上的道理，懂得只有在公平、公正的环境中展开角逐，才能真正实现自我价值，赢得他人尊重。这种良性竞争的体育环境，对于引导学生形成正确的人生观、价值观具有潜移默化的影响。

三、课程体系改革的阶段性目标

（一）短期目标

在高校体育教学改革的进程中，制订科学合理的阶段性目标至关重要。这既是保证改革有序推进的关键，也是评估改革成效的重要依据。短期目标作为改革的起点和基础，需要着重关注课程内容的及时更新和教学方法的现代化。

课程内容是高校体育教学的核心要素。在短期目标设定中，应重点关注课程内容的更新和优化。一方面，要紧跟体育学科发展的前沿动态，及时将新兴运动项目、先进健身理念融入体育课程体系；另一方面，要立足学生的实际需求和兴趣爱好，开发个性化、多元化的课程模块。例如，针对不同体质水平的学生，可以设置初级、中级、高级等不同难度等级的课程；针对不同运动爱好的学生，可以开设球类、田径、游泳、舞蹈等专项课程。唯有不断更新体育课程内容，才能激发学生的学习热情，满足其多样化的发展需求。

教学方法是实现课程目标的重要途径。在短期目标设定中，应着力推进教学方法的现代化。传统的体育教学往往以教师讲授为主，学生被动接受，难以调动其学习积极性。而现代化的教学方法强调以学生为中心，注重培养其自主学习和实践操作能力。例如，可以广泛运用任务驱动法，设计具有挑战性的学习任务，引导学生主动探索和实践；可以充分利用信息技术手段，开发在线课程、虚拟仿真实验等，为学生提供沉浸式、交互式的学习体验。同时，还应重视师生互动和生生互动，营造民主、平等、活跃的课堂氛围。现代化的教学方法不仅能够提高教学效率，更能全面促进学生综合素质的提升。

体育课程内容更新和教学方法现代化还应建立在科学的调研基础之上。教师要深入了解学生的体育需求和学习特点，广泛听取校内外专家的意见和建议，参考国内外先进教学经验，在此基础上进行课程设计和教学组织。这一过程需要教师具备开放的思维和创新的意识，勇于突破传统的思维定式，不断探索教学的新途径、新方法。

（二）长期目标

建立持续发展与自我完善的体育课程体系是高校体育教学改革的长期目标。这一目标旨在推动体育课程内容的不断更新，适应学生多样化、个性化的需求，实现体育教学质量的持续提升。要实现这一目标，就必须立足学生发展需要，遵循体育教学规律，构建动态生成、开放互动的课程体系。

持续发展的体育课程体系应体现先进的教育理念。随着教育现代化进程的推进，以学生发展为本、以能力培养为重的教育理念日益深入人心。体育课程建设要适应这一趋势，树立“健康第一”的指导思想，突出学生的主体地位，关注学生身心健康和个性发展。课程目标应从单纯的技能传授转向综合素质的培养，引导学生掌握科学的健身方法，养成终身体育锻炼的习惯。

自我完善的体育课程体系需要建立动态更新机制。体育课程内容不是一成不变的，而应随着时代发展、学生需求的变化而不断调整。这就要求我们建立健全的课程评估与反馈机制，定期开展学生体质健康测试，了解学生的兴趣爱好，分析体育教学的效果与不足。通过科学评估，找准体育课程改革的切入点和着力点，及时更新教学内容，优化课程设置，提高体育教学的针对性和实效性。

持续发展的体育课程体系还应注重开放性和互动性。在信息技术飞速发展的时代，体育课程建设要主动拥抱新技术、新媒体，利用信息化手段促进教学模式的变革。通过建设体育教学资源库，开发体育教学App，搭建师生互动平台等方式，拓宽体育课程的时空边界，为学生提供更加丰富、灵活的学习体验。同时，还应加强校际交流与合作，整合优质体育教学资源，实现资源共建共享。

自我完善的体育课程体系还需要完善配套保障机制。体育课程的可持续发展离不开必要的师资队伍、场地设施等支撑条件。学校应制订长远规划，加大体育教学投入，为体育课程建设提供坚实保障。加强体育教师培养和职业发展，提高师资队伍的整体素质；科学规划体育场馆建设，改善体育教学环境；健全体育教学管理制度，强化体育课程的组织实施和质量监控。

第二节　课程内容的优化与整合

一、课程内容优化的方向

（一）遵循科学训练原则

遵循科学训练原则是高校体育课程内容优化的重要方向，对于确保学生身心健康发展和运动技能提升具有关键作用。体育课程是高校人才培养体系的重要组成部分，其训练内容和方法必须以科学为基础，以学生的身心发展规律为依据。只有这样，才能真正发挥体育课程的育人功能，促进学生德智体美劳全面发展。

从生理学角度来看，科学的体育训练能够提高学生的心肺功能、肌肉力量和柔韧性等身体素质。通过合理安排训练强度和频率，遵循渐进性原则和过程性原则，可以使学生的身体机能得到充分发展，增强其适应外界环境变化的能力。同时，科学的体育训练还能够改善学生的身体姿态和形态，纠正不良体态，塑造健美体形。这不仅有利于学生的身体健康，更能够增强其自信心和自我认同感。

从心理学角度来看，科学的体育训练对于促进学生心理健康同样不可或缺。运动能够释放压力，缓解焦虑和抑郁等负面情绪，使身心得到放松。在运动过程中，学生需要克服困难、挑战自我，这有助于培养其坚强意志和自我激励能力。同时，体育运动往往具有合作性和竞技性，需要学生与他人互动、沟通，在无形中提升了学生的社会交往能力。这些品质对于学生未来的学习、工作和生活都具有积极意义。

从运动技能角度来看，科学的体育训练是提高学生运动能力的关键。技能的形成需要反复练习，遵循正确的方法。在体育课程中，教师应根据学生的个体差异，因材施教，制订针对性的训练计划。通过示范、讲解、纠错等环节，引导学生掌握运动技能的要领，提高动作的准确性、协调性和灵敏性。只有运动技能达到一定水平，学生才能真正体验运动的乐趣，培养终身体育锻炼的习惯。

高校体育课程必须立足遵循科学训练原则，从内容设置、训练方法、课程评价等多方面入手，不断优化和创新。在内容设置上，要紧密结合学生特点和需求，兼顾基础性和拓展性，既传授了基本运动技能，又拓宽了学生的运动视野。在训练方法上，要因材施教、循序渐进，注重启发式、探究式教学，调动学生的主动性和积极性。在课程评价上，要建立多元化评价体系，重视过程性评价和学生自评，引导学生科学认识自我、持续改进提高。

（二）增强体育课程的适应性与灵活性

随着高等教育改革的不断深化，高校体育课程也面临着新的挑战和机遇。在这一背景下，增强体育课程的适应性与灵活性，满足不同学生的运动需求，已经成为体育教学改革的重要任务。只有不断创新教学内容和方法，才能真正激发学生的运动热情，培养其终身体育锻炼的意识和习惯。

体育课程的适应性是指课程设置能够根据学生的个体差异、兴趣爱好、运动基础等因素进行调整和优化。传统的体育课程往往采用“一刀切”的教学模式，忽视了学生的多样性需求，导致部分学生参与度不高，学习效果不佳。为了克服这一弊端，教师应该深入了解学生的运动需求，因材施教，提供个性化的指导和帮助。例如，对于体质较弱的学生，教师可以适当降低运动强度，增加趣味性活动；对于运动基础较好的学生，则可以提供更具挑战性的任务，引导其不断突破自我。通过这种分层教学的方式，体育课程才能真正做到因人而异，增强其适应性。

体育课程的灵活性是指课程形式和内容具有一定的弹性和可变性，能够根据实际情况进行及时调整。在信息技术飞速发展的今天，体育课程不应局限于传统的课堂教学，而应充分利用网络平台、移动设备等现代化手段，拓展教学时空。例如，教师可以在线上发布教学资源，组织学生进行自主学习；利用智能手环等可穿戴设备，记录和分析学生的运动数据，提供个性化的健身方案。同时，体育课程还应该与时俱进，紧跟体育运动的发展趋势，及时更新教学内容。诸如瑜伽、街舞、极限运动等新兴运动项目，往往更能吸引学生的兴趣，激发其参与热情。在课程设置时，教师应该积极引入这些时尚元素，增强课程的吸引力和感染力。

满足学生的运动需求还需要建设完善的体育场地和设施。学校应该根据学生的实际需要，合理规划和配置体育资源，为学生提供安全、便捷、多样化的运动环境。同时，还应该加大体育场地的开放力度，鼓励学生课余时间自主锻炼，养成良好的运动习惯。只有从硬件和软件两个方面同时发力，才能真正满足学生日益增长的运动需求。

二、课程内容整合的原则

（一）均衡融合各类体育项目

高校体育课程内容的优化与整合，应着眼于培养学生的全面发展和综合素质。在设计课程内容时，教师需要充分考虑不同体育项目的特点和价值，合理配置比重，避免单一化倾向。传统体育项目如田径、球类等固然重要，但也要适度引入新兴、时尚的体育项目，以满足学生多元化的运动需求。同时，体育课程内容还应体现人文性和交叉性，注重与其他学科知识的融合，拓宽学生的视野和思维方式。

在整合体育课程内容的过程中，科学性和系统性原则必须始终贯穿。教师应立足学生身心发展规律，遵循体育教学的基本原理，合理安排课程内容的难度和进度。既要注重基本技术技能的训练，又要关注学生体能、心理等方面的提高。课程内容的编排要循序渐进、环环相扣，构建起完整、系统的知识和能力框架。只有这样，才能最大限度地发挥体育课程的育人功能，实现全面发展的目标。

体育课程内容的优化与整合还需要考虑学生的兴趣和需求。作为教学活动的主体，学生的参与度和积极性直接影响课程效果。教师在设计课程内容时，应广泛听取学生意见，了解他们的运动爱好和诉求。对于学生普遍感兴趣的项目，可以适当增加课时安排；对于学生基础较弱的方面，则要加大指导和练习的力度。同时，教师还可以采取一些灵活多样的教学方式，如分组教学、任务教学等，激发学生的参与热情，提高课堂效率。

高校体育课程内容的优化与整合是一项系统工程，需要教师、学校、社会等多方共同努力。从宏观层面看，国家和地方政府应加大对高校体育的政策支持和经费投入，为课程建设提供必要的物质保障。高校则要转变教学理念，突出以人为本，将体育课程作为学生成长成才的重要载体。从微观层面看，广大体育教师要加强学习和研究，不断更新知识结构，提升教学水平。只有形成全员、全过程、全方位的工作合力，体育课程内容的优化与整合才能取得实效。

（二）整合资源，提高体育课程的综合效益和质量

高校体育教学资源的整合是优化体育课程内容、提升教学质量的重要举措。面对新时代高等教育的挑战，体育教学必须立足现有资源，最大限度地发挥其效用，为学生提供丰富多彩、适合个性发展的学习机会。这就需要我们从整体上审视高校体育教学资源的配置，打破学科壁垒和部门界限，实现资源的优化组合和协同共享。

课程内容是体育教学资源整合的核心要素。传统的体育课程内容往往局限于单一的运动项目或技能训练，难以满足学生多样化的学习需求。为了突破这一局限，教师应积极开发综合性、交叉性的课程内容，将不同运动项目的技术、战术、规则等知识融会贯通，设计出富有创意、挑战性的教学活动。同时，教师还应关注体育学科与其他学科的联系，将体育知识与健康教育、心理健康、美育等内容有机结合，拓宽学生的知识视野，培养其全面发展的能力。

师资力量是体育教学资源整合的关键所在。高校体育教师队伍结构不尽合理，专业化水平有待提高，这在一定程度上制约了教学质量的提升。为了破解这一难题，学校应采取多种措施加强师资队伍建设，鼓励教师进修学习、参与教研活动，提升业务能力和创新意识。同时，学校还应积极引进优秀体育人才，特别是在前沿领域和交叉学科有所建树的复合型人才，为教学注入新鲜血液。加强校内外、区域内外的教师交流与合作，整合优质师资力量，也是推动体育教学改革的有效途径。

场地器材是体育教学资源整合的物质基础。受限于场地面积和经费投入，许多高校的体育场地设施不够完善，功能较为单一，难以满足日益增长的教学需求。对此，学校应统筹规划，合理配置场地资源，提高使用效率。例如，通过增设多功能场地，改造传统场馆，鼓励师生自制教具等方式，盘活存量资源，拓展教学空间。同时，加强校内外场地设施的共建共享，与社会体育资源实现互联互通，也能够有效缓解高校体育场地不足的问题。

评价考核是体育教学资源整合的助推器。科学完善的评价考核制度，能够引导教师优化教学设计，改进教学方法，激发学生学习的内在动力。传统的体育评价考核往往侧重运动技能的测试，忽视了学生参与过程和情感体验的考查。为了扭转这一局面，教师应建立多元化的评价指标体系，将过程性评价和终结性评价相结合，全面考查学生的运动能力、健康素养、社会适应力等。同时，教师还应注重评价主体的多元化，广泛吸收学生自评、互评的意见，提高评价的针对性和有效性。

三、课程内容与学科前沿的融合

（一）引入现代体育科学成果

引入现代体育科学成果是提高体育课程理论深度的重要途径。随着体育科学研究的不断深入，许多新的理论、方法和技术不断涌现，为体育教学实践提供了丰富的养料。将这些前沿成果引入体育课堂，不仅能够拓宽学生的学术视野，加深他们对体育原理和规律的理解，更能够提升体育课程的科学性和时代性，为学生的全面发展奠定坚实的基础。

在引入现代体育科学成果的过程中，教师应该注重与体育课程内容的有机融合。一方面，要深入研究体育科学前沿动态，精选与体育课程主题密切相关、具有较强理论价值和实践指导意义的研究成果；另一方面，要结合学生的认知特点和接受能力，采用恰当的教学方式，使得这些理论成果能够为学生所理解和掌握。例如，在讲授运动生理学知识时，教师可以引入最新的体育研究结果，通过生动形象的案例分析，帮助学生深入理解人体运动过程中的生理反应机制。又如，在讲解运动心理学原理时，教师可以借鉴国内外相关研究的理论模型，引导学生分析运动行为背后的心理因素，掌握科学的心理调控方法。

引入现代体育科学成果，还需要教师具备较高的学术素养和教学能力。这就要求体育教师必须加强专业知识的学习和更新，紧跟学科前沿发展步伐，不断拓宽知识面和研究视野。同时，教师还应该注重教学方法的创新，灵活运用启发式、探究式、讨论式等教学模式，激发学生的学习兴趣和主动性，引导其主动思考、勇于质疑，培养其分析问题和解决问题的能力。只有教师自身具备扎实的理论功底和娴熟的教学技能，才能真正实现体育科学成果与体育教学实践的无缝对接，为提升体育课程的理论品质提供有力保障。

引入现代体育科学成果还需要完善相应的教学条件和支持体系。学校应该加大对体育教学的投入力度，为教师和学生提供必要的教学资源，如建设功能完备的体育实验室，配备先进的体育教学设备，订阅权威的体育学术期刊等。同时，学校还应该鼓励体育教师积极开展教学研究，支持其参与国内外学术交流活动，为教师的专业成长创造良好环境。只有在全校范围内营造重视体育科学、崇尚创新研究的浓厚氛围，体育课程的理论品质提升才能真正落到实处。

（二）创新教学方法

创新教学方法是推动高校体育教学发展的重要动力，也是提高体育课程吸引力的关键所在。面对知识更新日益加快、学生个性化需求日益增长的新形势，传统的“以教师为中心”的单向灌输模式已难以为继。为了激发学生的学习兴趣，培养其自主学习和终身锻炼的意识，高校体育教学必须与时俱进，积极吸收和借鉴学科前沿的最新成果，不断创新教学内容和方式。

将探究式学习引入体育课堂，是创新体育教学方法的重要尝试。探究式学习强调以学生为主体，鼓励其通过自主探索、合作交流等方式，主动建构知识体系。在体育教学中，教师可以设计开放性的练习任务，引导学生根据自身特点和兴趣，选择运动项目，制订锻炼计划，并在实践中不断调整完善。这一过程不仅能够锻炼学生的自主学习能力，更能增强其运动参与的主动性和获得感。同时，探究式学习还能促进学生之间的交流互动，在协作探究中提升沟通合作能力。

充分运用现代信息技术，为体育教学注入新的活力。随着互联网、大数据、人工智能等技术的快速发展，智慧教育已成为教育变革的新趋势。高校体育教学应抓住这一机遇，积极开发和利用在线教学资源，构建智能化、个性化的学习平台。例如，教师可以录制微课视频，系统讲解体育运动的基本原理和技巧，供学生随时随地学习；利用虚拟现实（VR）、增强现实（AR）等技术，为学生提供身临其境的运动体验，加深其对动作要领的感知；基于学习分析技术，及时跟踪学生的学习进展和健康数据，为其提供精准化的指导服务。新技术与体育教学的深度融合，必将极大拓展学习时空，催生更加灵活多元的教学模式。

加强学科交叉融合，为创新体育教学方法提供源源不断的理论支撑和实践指导。体育学科与其他学科的融通发展，是新时期体育教学变革的必然要求。通过与生理学、解剖学、生物力学等自然科学的交叉，可以更加科学地阐释人体运动的机理，优化体育教学的技术动作；与心理学、教育学、社会学等人文社会科学的对话，则有助于深入理解体育运动的心理规律和社会功能，为因材施教、培养体育核心素养提供针对性策略。将STEAM教育理念引入体育课程，设计集科学、技术、工程、艺术、数学等多学科于一体的综合性项目，能够有效激发学生的创造力，拓宽其运动视野。

第三节　课程结构的调整与完善

一、课程结构调整的原则

（一）合理性原则

合理性原则是高校体育课程结构设计的首要遵循，它要求课程结构必须满足人才培养目标和学生发展需求。只有建立在科学论证基础上的课程结构，才能真正发挥体育教育的育人功能，促进学生身心全面发展。

从教育目标来看，高校体育课程结构设计应紧紧围绕培养德智体美劳全面发展的社会主义建设者和接班人这一根本任务。这就要求课程内容不仅要传授体育运动知识和技能，培养学生终身体育锻炼的意识和习惯，更要注重对学生思想品德、意志品质的塑造，使其成为全面发展的高素质人才。因此，高校体育课程结构必须兼顾知识传授、能力培养和素质提升等多项教学目标，体现全面发展的教育理念。

从学生需求来看，大学生正处于身心发展的关键时期，体育锻炼对于促进其生理机能、心理健康、社会适应能力的提升具有不可替代的作用。同时，大学生群体在运动爱好、锻炼基础、身体素质等方面存在显著个体差异。这就要求高校体育课程在内容设置上突出学生的主体地位，尊重学生的兴趣需要，满足不同学生的发展需求。课程结构应包含多样化的体育项目，为学生提供广泛的选择空间，培养学生自主锻炼、自我管理的能力。同时，课程内容难度应具有层次性和进阶性，既要照顾基础薄弱学生，又要为体育特长生提供展示平台，实现因材施教、分层教学。

合理性原则还要求高校体育课程结构设计必须立足学校办学定位、师资力量、场地器材等办学条件，切合学校实际，确保课程方案的可行性。一方面，课程结构要与学校的人才培养目标相契合，体现学校的办学特色和优势专业，服务于学生的专业学习和职业发展；另一方面，课程设置应充分考虑学校的师资队伍结构、场地设施状况，合理配置教学资源，避免脱离实际、好高骛远。只有扎根学校沃土，高校体育课程结构才能真正落地生根、开花结果。

高校体育课程结构设计是一项复杂的系统工程，必须坚持合理性原则，在人才培养目标、学生发展需求和学校办学条件之间寻求最佳平衡点。唯其如此，才能构建内容完善、结构合理、特色鲜明的高校体育课程体系，不断提升体育教学质量，为学生的全面发展奠定坚实的基础。在新时代背景下，深入推进高校体育课程结构优化，对于完善中国特色社会主义教育体系、培养担当民族复兴大任的时代新人具有重要意义。

（二）灵活性原则

灵活性原则强调高校体育课程结构设计应具有适应性和可变性，以满足不同学生的个性化需求和社会发展的动态变化。在制订课程方案时，教师需要充分考虑学生的体质状况、运动基础、兴趣爱好等因素，提供多样化的课程内容和难度梯度，让每一位学生都能找到适合自己的学习路径。同时，课程结构还应与时俱进，紧跟体育领域的最新发展趋势，及时吸收和融入新兴的运动项目、健身方式，以保持课程内容的新鲜度和吸引力。

灵活性原则的贯彻离不开教师教学理念的更新和教学方法的创新。传统的体育教学往往以教师为中心，强调统一性和规范性，学生被动接受知识和训练。而灵活性原则倡导以学生为本，尊重学生的主体地位，鼓励其参与课程设计和教学决策。教师应转变角色定位，成为学生学习的引导者和促进者，营造民主、平等、开放的课堂氛围，激发学生的学习兴趣和主动性。在教学方法上，教师应根据不同学生的特点和需求，灵活运用启发式、探究式、合作式等多种教学策略，提供个性化的指导和帮助，最大限度地发挥每一位学生的潜能。

灵活性原则还要求高校体育课程与其他学科和校园文化活动形成有机融合，

构建全方位、立体化的教育生态系统。体育不应是一个孤立的学科，而应与其他学科形成交叉和渗透，促进学生综合素质的提升。例如，可以将体育与艺术、音乐相结合，开展形式多样的体育舞蹈、体育艺术表演等课程；又如，可以将体育与科学相结合，利用现代信息技术手段辅助体育教学，提高教学效率和质量。同时，高校还应充分利用各种校园文化活动平台，如运动会、体育节等，为学生提供展示体育才能、锻炼组织管理能力的机会，促进其全面发展。

（三）开放性原则

开放性原则强调在体育课程设计中要鼓励创新，突破传统模式的束缚，积极探索跨学科课程交融的策略。这一原则的提出，源于对当前高校体育教学现状的深刻反思。长期以来，我国高校体育课程结构相对单一，各学科之间缺乏有效的沟通和融合，难以满足学生日益多元化的学习需求和个性化发展诉求。

为了贯彻开放性原则，高校体育课程结构调整首先要打破学科壁垒，促进不同学科之间的交流与合作。体育学科不应自成一体，而应主动与其他学科展开对话，寻求知识的交叉与融合。例如，可以将体育与科学技术相结合，开发体育信息化、运动康复等方向的课程。这种跨学科的课程设计，不仅能够拓宽学生的知识视野，激发其学习兴趣，更能培养学生多维度思考问题的能力，提升其综合素养。

开放性原则要求高校体育课程在教学内容和方法上勇于创新。传统的体育教学往往以教师为中心，强调技能的训练和考核，忽视了学生的主体性和个性化需求。而开放性的课程设计应以学生为本，根据其兴趣爱好、运动基础等因素，提供丰富多样的选修课程和个性化的学习方案。同时，教师也要改变单向灌输的教学方式，采用启发式、探究式、合作式等多元教学模式，鼓励学生主动参与、自主学习，培养其创新精神和实践能力。

开放性原则还意味着高校体育课程要主动对接社会需求，紧跟时代发展步伐。当前，全民健身已上升为国家战略，群众体育活动蓬勃开展。高校体育课程结构调整应顺应这一趋势，加大健身休闲、体育产业等方面的课程开发力度，培养符合社会需要的应用型体育人才。同时，课程设计还要充分利用现代信息技术手段，建设网络教学平台，开发在线课程资源，扩大优质教育资源的辐射面和影响力。

二、必修课与选修课的设置与优化

（一）必修课程设置策略

体育必修课程在高校体育教学中占据着重要地位，其设置的合理性直接关系到学生体育基本素养和健康知识的培养。面对新时代对人才培养的多元化需求，传统的体育必修课程设置已经难以完全适应学生全面发展的要求。因此，创新性地调整体育必修课程结构，强化学生体育基本素养与健康知识的培养，已经成为深化高校体育教学改革的重要举措。

从培养目标来看，体育必修课程应着重提升学生的体育基本素养。体育基本素养是一个多维度的概念，它不仅包括基本的运动技能、身体素质，还涵盖体育道德、意志品质、审美情趣等人文内涵。因此，在体育必修课程设置中，要注重综合素质的培养，通过丰富多样的教学内容和形式，帮助学生掌握科学的体育锻炼方法，养成自觉参与体育锻炼的习惯，形成积极向上的体育精神和价值追求。只有学生具备了良好的体育基本素养，才能真正享受运动的快乐，感受体育的魅力，并将其内化为终身发展的内在动力。

从知识架构来看，体育必修课程要系统完善学生的健康知识体系。健康是人生幸福的基石，也是学生全面发展的重要保障。然而，当前大学生健康素养普遍不高，缺乏系统的健康知识和自我保健意识。因此，体育必修课程应加大健康教育的力度，不仅要传授运动损伤预防、合理饮食、心理健康等方面的知识，更要引导学生树立正确的健康观，掌握科学的健康管理方法。通过理论与实践相结合的方式，帮助学生构建起完整、系统的健康知识架构，增强其自我健康管理的能力，从而为一生的健康发展奠定坚实基础。

从课程形式来看，体育必修课程要创新教学模式，提高学生参与的主动性和积极性。传统的体育必修课程教学往往以教师讲授为主，学生被动接受，缺乏互动和体验。这种灌输式、填鸭式的教学模式不仅难以调动学生学习的兴趣，更无法培养其自主学习、自我管理的能力。因此，在体育必修课程设置中，要大胆探索启发式、参与式的教学方式，通过小组教学、主题教学等形式，最大限度地激发学生的主体意识。教师要变“主角”为“导演”，成为学生学习的引路人和健康成长的引导者。只有不断创新教学形式，优化课堂设计，才能真正调动学生参与体育学习的热情，提高体育必修课程的教学质量和实效性。

（二）选修课程优化方式

选修课程在丰富课程内容、满足学生个性化需求、提升学生学习兴趣等方面发挥着关键作用。随着高等教育教学改革的不断深化，如何优化体育选修课程设置，创新教学模式和方法，已经成为体育教育工作者亟待解决的现实问题。

合理设置选修课程门类是优化体育选修课程的首要任务。传统的体育选修课程大多局限于几类热门运动项目，如篮球、足球、羽毛球等，难以满足学生日益多样化的运动需求。因此，体育教师应积极拓宽选修课程的覆盖面，增设诸如瑜伽、舞蹈、搏击、极限运动等新兴运动项目，以适应时代发展和学生兴趣变化。同时，还应关注不同学生群体的特殊需求，针对体弱或残障学生开设康复性体育选修课程，为他们提供量身定制的运动指导和锻炼机会。唯有不断丰富选修课程门类，才能最大限度地激发学生参与体育锻炼的热情，培养其终身体育意识和习惯。

创新教学模式和方法是提升体育选修课程吸引力的有效途径。如今，传统的“填鸭式”教学模式已然不合时宜。体育教师应主动适应信息技术发展趋势，积极探索线上线下混合式教学、翻转课堂、情境式教学等新型教学模式，为学生营造沉浸式、互动式的学习体验。例如，教师可以借助慕课平台开发微视频课程，引导学生课前自主学习理论知识；课堂上则通过小组合作、角色扮演等方式，引导学生将所学知识运用到实践中。这些新颖、灵活的教学方式不仅能够调动学生学习的主动性，更能促进其自主学习能力和创新思维的养成。

完善体育选修课程考核评价体系是保障教学质量的关键举措。传统的体育选修课程考核大多采用“一考定终身”的期末考试模式，过于注重运动技能的掌握，忽视了学生的过程表现和综合素质。为破解这一困局，教师应建立多元化的考核评价体系，将平时表现、课堂参与度、运动技能、理论知识等纳入考核范围，全面客观地评估学生的学习效果。同时，还应重视学生的自我评价和互评，引导其主动反思学习过程，找出优缺点，不断改进提高。唯有形成科学合理的考核评价机制，才能真正落实“以学生发展为中心”的教育理念，促进学生身心全面发展。

三、理论与实践课程的平衡与协调

（一）理论与实践课程的比例设计

理论与实践课程的比例设计是高校体育课程结构调整与完善的关键环节。

科学、合理地确定两类课程的比例，对于培养学生的体育综合素质，实现体育教学目标具有重要意义。在进行比例设计时，应综合考虑学科特点、教学目标、学生需求等多个方面因素，力求达到理论与实践的有机统一。

从学科特点来看，体育学科具有鲜明的实践性和操作性。体育运动技能的学习和掌握主要依赖于身体的直接参与和反复练习。因此，体育课程结构中实践课程应占较大比重。通过大量的体育实践活动，学生能够巩固和深化理论知识，提高运动技能，增强身体素质。同时，体育实践还能培养学生的意志品质，陶冶情操，促进身心健康发展。相对而言，体育理论课程主要侧重于体育基本原理、运动损伤预防、体育保健等知识的传授，为学生的体育实践活动提供必要的理论指导。因此，理论课程在体育课程结构中所占比例可以适当降低。

从教学目标来看，高校体育教学的根本目的是培养学生终身体育意识和习惯，提高其体质健康水平。这就要求体育课程设置要以实践课程为主，注重培养学生的运动兴趣和习惯。通过丰富多样的体育活动，激发学生的运动热情，使其主动、积极地投入到体育锻炼中去。同时，体育理论课程应紧密结合实践，突出应用性和针对性，为学生的体育锻炼提供科学指导。体育理论与实践相辅相成，共同服务于体育教学目标的实现。

从学生需求来看，大学生普遍渴望通过体育课程缓解学习压力，放松身心，培养兴趣爱好。因此，体育实践课程应丰富内容形式，增加趣味性和挑战性，满足学生多元化的需求。同时，还要关注不同学生的个体差异，因材施教。对于体育基础较好的学生，可以适当增加运动强度和难度；对于体育基础较差的学生，则应以培养兴趣为主，循序渐进。理论课程应精讲多练，将枯燥的原理知识与生动的案例相结合，提高教学的吸引力和感染力。

（二）理论与实践融合的教学模式探索

理论与实践的有机融合是高校体育教学的内在要求和必然趋势。在传统的体育教学模式中，理论知识的传授往往与实践训练相脱节，学生难以将所学知识灵活运用到实际锻炼中，更谈不上形成科学的运动习惯和终身体育意识。为了突破这一局限，教师应积极探索理论与实践相结合的教学路径，引导学生在实践中加深对理论知识的理解，在理论指导下提升运动技能和身体素质。

具体而言，教师可以采取多种策略促进理论与实践的融合。一方面，要重视理论教学的系统性和科学性，帮助学生构建完整的体育与健康知识体系。教师应从运动解剖学、运动生理学、运动心理学等多学科视角切入，阐释体育运动的科学原理和规律，使学生对运动技术的掌握建立在扎实的理论基础之上。另一方面，要创设丰富多样的实践教学情境，为学生提供充分展示和运用所学知识的机会。教师可以组织各种类型的体育活动，如技能学习、体能训练、模拟比赛等，让学生在实践中强化肌肉记忆，提高动作的准确性和协调性。同时，教师还应鼓励学生参与课外体育俱乐部和校际竞赛，培养其运动兴趣和专项特长。

在理论与实践融合的过程中，教师要注重因材施教，根据学生的个体差异采取针对性的教学策略。每个学生的身体条件、运动基础和学习特点都存在差异，教师应进行全面的学情分析，为不同学生提供个性化的理论指导和实践训练。例如，对于运动能力较弱的学生，教师可以通过理论讲解帮助其纠正错误动作，并给予适当的鼓励和支持；而对于运动天赋较高的学生，教师则可以提供更具挑战性的实践任务，引导其不断突破自我、挖掘潜能。只有因材施教、循序渐进，才能最大限度地调动学生的学习积极性，实现理论与实践的良性互动。

四、课程模块的划分与整合

（一）模块设置的原则与方法

高校体育课程模块的设置应遵循科学性、系统性和可操作性原则，按照体育专业知识体系进行模块化设计。模块设置需要全面考虑体育学科的内在逻辑关系和知识结构，将相关联、相互支撑的知识点和技能点整合为一个有机的学习单元。这种整合不仅有利于学生深入理解体育理论知识的内在联系，更有助于其在实践中灵活运用、举一反三。同时，模块间的衔接也应予以重视，使各个模块形成递进、互补的关系，构建起完整、系统的体育课程知识体系。

模块设置应充分体现体育学科的多样性和综合性特点。一方面，体育课程涵盖了体育理论、运动技术、身体练习、竞赛裁判等多个方面，这就要求模块设计要兼顾不同领域的特点，既突出主干知识，又涵盖拓展内容。另一方面，体育学科与其他学科如生理学、心理学、力学等也有着密切联系。因此，模块设计还应体现学科交叉融合的理念，在夯实专业基础的同时，引入相关学科的前沿知识，拓宽学生的学术视野。

模块设置还应考虑学生的认知特点和接受能力。体育课程的授课对象涵盖了不同年级、不同专业的学生，他们的体育基础和学习需求存在较大差异。因此，模块设计应针对不同学生群体的特点，合理确定教学内容的广度和深度。对于低年级学生，可以侧重基础知识和技能的夯实；而对于高年级学生，则应提供更多探索创新的机会，引导其开展自主学习和科研实践。同时，还应为不同兴趣爱好、不同发展方向的学生提供个性化的模块选择，最大限度地满足其多元化的学习需求。

（二）课程模块整合与优化

高校体育课程模块的整合与优化是一项系统性、动态性的工程，需要在坚持体育课程改革方向的基础上，立足学生身心发展规律和运动技能形成特点，不断探索科学、合理的课程模块设置方案。只有实现课程模块间的有机衔接和深度融合，才能真正发挥体育课程的育人功能，促进学生德智体美劳全面发展。

课程模块的整合应着眼于打破传统体育课程各单元间的壁垒，构建内在联系紧密、逻辑结构严谨的课程体系。这就要求在课程模块设计时，充分考虑不同模块间的关联性，合理安排模块内容，使其既相对独立又彼此呼应。例如，在篮球运动技术课程模块教学中，可以适当引入战术配合的内容，帮助学生理解技战术的辩证统一关系；在体能训练课程模块中，可以渗透运动损伤预防和处置的知识，增强课程的实用性和针对性。通过模块间的有机整合，学生能够更好地把握体育运动的内在规律，形成系统完整的知识和能力结构。

课程模块的优化应立足于学生的需求和兴趣，着力增强课程的吸引力和感染力。一方面，要根据学生的认知特点和运动基础，科学设置课程难度和进度，在循序渐进中实现学生运动能力的提升；另一方面，要关注学生的个性发展需求，为其提供多样化、选择性的课程模块，激发学习热情和运动兴趣。课程模块还应紧跟体育运动发展的时代步伐，及时吸收最新的运动项目和健身方式，满足学生接触新事物、拓宽视野的愿望。唯有让学生真正成为体育课堂的主人，课程模块优化才能取得实效。

高校体育课程承载着培养身心健康、全面发展的时代新人的重任。系统梳理课程模块间的逻辑关系，动态优化课程设置和教学内容，是提升体育课程教学质量的必由之路。在这一过程中，教师要树立“以生为本”的理念，从学生的实际需求出发，因材施教、因需施教，最大限度地挖掘每一位学生的运动潜能。同时，学校层面也要完善配套的教学管理制度和评价机制，为课程模块整合与优化创造良好的制度环境。

第三章 高校体育教学方法的创新

第一节 信息技术在高校体育教学中的应用

一、多媒体教学在体育课堂的应用

（一）视频与图像在体育教学展示中的运用

视频与图像作为多媒体技术的重要组成部分，在现代高校体育教学中发挥着不可或缺的作用。随着信息技术的飞速发展，将视频与图像引入体育课堂已成为提升教学质量、优化学习体验的必然选择。视频与图像最直观的优势在于其生动形象的展示效果。与传统的文字、图表相比，视频能够完整再现运动过程，图像能够凸显动作细节，让学生对抽象的体育理论和技巧有更加具体、深入的认知。通过观看优秀运动员的比赛视频或示范动作，学生能够直观领会标准动作的要领，激发学习兴趣和模仿欲望，从而加深对所学知识的理解和运用。

视频与图像也是开展技术分析和对比的有效工具。教师可以选取不同的动作视频进行慢放、重放、分解等处理，引导学生观察动作的节奏、力度、协调等要素，分析其中的优缺点，从而形成良好的动作表象。针对学生在练习中出现的错误动作，教师还可以借助视频回放，与标准动作进行对比，找出差异所在，有针对性地加以纠正和完善。这种将理论与实际相结合的教学方式，不仅能够加深学生对动作技术的认知，更能培养其独立思考、分析问题的能力。视频与图像在突破时空限制、拓展学习内容方面也有着独特优势。受场地器材限制，许多高难度、大强度的体育项目很难在课堂上实际开展。而利用视频与图像，学生足不出户就能观摩高水平的竞技比赛，领略不同体育项目的魅力。教师还可以根据教学需要，选取涵盖体育历史、文化、规则等内容的视频素材，帮助学生构建起完整的体育知识体系，提升其文化素养。这种多维度、立体化的学习方式，既能激发学生的探究欲望，又能陶冶情操、启迪心智，对其身心全面发展大有裨益。

视频与图像虽然有诸多优势，但其作用也不能被夸大。在实际体育教学中，教师要根据教学目标和学情实际，科学设计教学内容，合理运用视频与图像资源。对于动作技术的学习，视频示范固然重要，但更需注重引导学生动手实践、体验，在反复练习中掌握技能、提高能力。同时，教师还要注重师生互动、生生互动，营造良好的课堂氛围，调动学生积极性，而不能简单依赖视频播放。只有在现代信息技术与传统教学方式的深度融合中，视频与图像的优势才能充分涌现，为高校体育教学注入新的活力。

（二）互动式多媒体设备提升学生参与度

互动式多媒体设备的引入为高校体育教学注入了新的活力，极大地提升了学生的课堂参与度。传统的体育教学模式以教师讲解示范为主，学生被动接受知识，缺乏主动探索和实践的机会。而互动式多媒体设备则通过丰富的视听媒体和交互功能，为学生提供了身临其境的学习体验，激发了学生参与体育活动的兴趣和热情。

在体育技能教学中，互动式多媒体设备可以将抽象的动作要领转化为直观的视觉画面，帮助学生更准确地理解和掌握动作技巧。例如，在篮球运球教学中，教师可以利用多媒体动画演示运球动作的分解过程，并配以慢动作回放和局部特写，使学生能够清晰地观察到手腕、手指等细节动作。同时，还可以借助力度传感器等装置，实时采集学生运球时的力量数据，并与标准动作进行比对，给出针对性的反馈和指导。这种沉浸式、交互式的学习方式，不仅能够加深学生对运动技能的理解，更能提高其运动表现的准确性和稳定性。

除了技能教学，互动式多媒体设备在体育游戏和竞赛活动中也大有作为。得益于先进的人机交互技术，学生可以通过体感设备、虚拟现实眼镜等与数字化的运动场景实时互动，获得身临其境的运动体验。例如，在室内攀岩项目中，学生可以佩戴 VR 眼镜，在虚拟的峭壁环境中进行攀爬训练。系统会根据学生的动作实时调整场景，并设置冒险关卡和挑战任务，让学生在游戏化的氛围中提升攀岩技能。这种沉浸式的体验不仅能够激发学生的运动兴趣，还能通过任务的层层深入，引导学生不断挑战自我、突破极限。

互动式多媒体设备的应用还有利于创设开放、平等的体育教学环境，鼓励学生主动参与、勇于展示。传统的体育课堂往往以“教师讲解—学生练习—教师点评”的方式展开，学生很少有机会表达自己的想法和见解。而借助移动终端、电子白板等交互设备，学生可以随时分享自己的运动心得，展示自主创编的体育舞蹈或健身操。教师也可以组织学生利用多媒体工具合作完成体育专题报告，调动其团队协作和沟通表达的能力。在这样开放、互动的氛围中，学生的主体意识和参与热情得到充分激发，课堂不再是单向的知识灌输，而成为师生共同探究、共同成长的乐园。

（三）多媒体教学资源的开发与管理

多媒体教学资源是现代教育技术发展的重要成果，对于提升高校体育教学质量、激发学生学习兴趣具有重要作用。构建系统的多媒体教学内容库，是实现体育教学信息化、推动教学模式创新的关键举措。

从内容层面来看，高校体育多媒体教学资源应涵盖体育与健康知识、运动技能、裁判规则、科学健身等多个方面，形成全面、系统的知识体系。在开发过程中，教师要立足体育学科特点，紧密结合教学大纲要求，精心设计教学内容。同时，还要关注体育学科前沿动态，及时将最新的研究成果和实践经验纳入教学资源库，保证内容的科学性和时代性。

从呈现形式来看，高校体育多媒体教学资源应充分利用现代信息技术手段，采用图文并茂、声像结合的方式，提供生动直观、富有吸引力的学习体验。例如，在讲解运动技术时，可以运用三维动画、慢动作回放等技术手段，清晰展现动作要领；在阐述裁判规则时，可以插入典型的判罚案例视频，加深学生印象。总之，要力求以新颖多样、互动性强的呈现方式，激发学生的学习兴趣，提高教学资源的应用效果。

从组织管理来看，构建高校体育多媒体教学资源库需要体育教师、教育技术人员、学科专家等多方通力合作。学校应成立专门的资源开发团队，明确分工、协调配合，形成工作合力。在资源建设过程中，要本着面向全体教师、服务教学一线的原则，既要重视资源的专业性、权威性，又要兼顾实用性、易用性。同时，学校还应建立健全资源管理制度，对资源的采集、审核、发布、更新等环节进行规范，确保资源库建设有章可循、有序推进。

开发多媒体教学资源要充分考虑到学生的认知特点和接受习惯。当前大学生普遍成长于信息时代，对新媒体有着较强的依赖性和熟悉度。因此，体育教学资源应积极利用微课、慕课、移动 App 等新型载体，以贴近学生生活、符合学生口味的方式传播知识、引导实践。同时，还要创新教学组织形式，探索线上线下相结合的混合式教学，充分调动学生的主动性和参与度。

二、网络教学平台的构建与使用

（一）网络教学平台功能的架构

网络教学平台作为现代高校体育教学的重要载体，其功能设计直接影响着教学效果和学生的学习体验。一个科学、合理的网络教学平台应该具备丰富的教学资源、便捷的交互工具、智能的学习分析等核心功能模块，全方位满足师生教学需求。

教学资源库是网络教学平台的基础和核心。它涵盖了各种形式的体育教学内容，如教学视频、动作示范、技术图解、训练方案等。这些资源应该由经验丰富的体育教师和专业团队精心设计制作，确保内容的准确性、规范性和实用性。同时，资源库还应该具备完善的分类检索、个性化推荐等功能，方便师生快速获取所需的教学内容。

交互工具是促进师生沟通、提升教学互动性的关键模块。在线论坛、即时通信、视频会议等工具能够打破时空限制，为师生提供灵活、便捷的交流渠道。学生可以通过这些工具及时向教师请教问题、分享心得体会；教师则能够利用交互工具开展在线辅导、组织主题讨论，增强学生参与度。同时，交互工具还能促进学生之间的协作学习，培养其团队意识和沟通能力。

智能学习分析是提升网络教学科学化、精准化水平的利器。通过采集学生在平台上的学习行为数据，如学习时长、资源浏览量、作业完成情况等，智能分析模块能够客观评估学生的学习进度和效果。基于大数据挖掘技术，平台可以为每位学生生成个性化学习报告，精准诊断其学习问题，提供有针对性的改进建议。这不仅有助于学生及时调整学习策略，也为教师优化教学方案提供了数据支撑。

网络教学平台还应具备线上考核评价、教学管理等功能模块。线上考核评价系统可以支持多种考核方式，如在线测验、实操考核、互评互改等，全面考查学生的体育知识和运动技能。教学管理模块则涵盖了教学计划制订、教学任务分配、教学质量监控等功能，为体育教学工作提供信息化支持，提升管理效率。

（二）网络平台在课程管理中的应用

网络平台在课程管理中发挥着日益重要的作用，有效整合教学资源，优化教学活动组织，成为提升高校体育教学质量的关键举措。网络平台能够为体育课程提供一个集中、统一的管理平台，实现教学资源的科学配置和高效利用。通过网络平台，教师可以方便地发布教学大纲、教学计划、教学课件等资源，学生能够及时获取学习材料，掌握课程进度和要求。同时，网络平台还能够支持在线作业、在线测试等教学活动的开展，方便教师跟踪学生的学习情况，及时给予反馈和指导。这种方式不仅提高了教学效率，也增强了师生之间的互动交流。

网络平台还为体育教学资源的整合和共享提供了便利条件。传统的体育教学资源往往分散在各个教师手中，缺乏系统性和连贯性。而借助网络平台，教师可以将优质教学资源上传至共享库，供其他教师参考借鉴。这种资源共建共享的模式有利于教学经验的交流，促进体育教学的创新发展。特别是在校际合作日益频繁的当下，网络平台为不同高校体育课程资源的共享提供了契机，有利于优质教学资源的广泛传播和应用。

网络平台在体育教学活动组织中的应用也日益广泛。传统的体育教学活动多以课堂教学为主，学生参与的机会和空间有限。而网络平台为学生提供了更加丰富多元的体育学习活动，如在线体育社区、体育竞赛、运动打卡等。学生可以根据自己的兴趣爱好，选择性地参与各类体育活动，并与其他学生展开交流互动。这种自主、开放的学习方式更符合当代大学生的需求特点，有利于调动其学习积极性，培养其自主学习能力。同时，网络平台还能够为体育教学实践活动提供有力支撑，如通过虚拟仿真技术模拟复杂的体育运动场景，帮助学生掌握运动技能。

（三）网络平台的教学互动与反馈机制

网络教学平台为师生互动提供了便捷高效的渠道，有利于强化教学过程中的沟通反馈。传统的体育课堂教学受时间和空间的限制，师生互动往往局限于课堂内，缺乏持续性和针对性。而网络平台打破了这一局限，为师生互动创造了更为广阔的时空。教师可以利用平台及时发布教学信息、布置作业任务、解答学生疑问，学生也能够随时与教师交流、反馈学习情况、提出意见和建议。这种跨时空的即时互动，有助于教师及时把握学生的学习动态，调整教学策略，提供个性化指导。

网络平台还能够支持多种形式的教学互动，满足不同教学需求。例如，教师可以通过平台组织在线讨论，引导学生围绕体育专题进行交流探讨，分享见解，碰撞思想。又如，教师可以利用平台开展协作学习活动，让学生分组完成体育项目策划、运动技能展示等任务，培养其团队意识和实践能力。再如，教师还可以借助平台开展翻转课堂教学，学生通过平台自主学习理论知识，课堂上则侧重于问题解决和能力训练。这些互动形式的转变，不仅提高了学生参与度，也使得教学更加灵活多样，富有成效。

网络平台还能够实现教学过程的精准监控和反馈分析。平台可以自动记录学生的学习行为数据，如登录频率、资源访问量、作业完成度等，为教师提供客观、全面的教学参考。教师能够基于数据分析，及时诊断学生学习中的问题，有针对性地开展辅导和干预。同时，平台还可以支持学生对教师教学的反馈评价，通过问卷调查、评分等方式，多角度收集学生的意见和建议。这些反馈数据有助于教师反思教学得失，改进教学方法，不断提升教学水平。

三、虚拟仿真技术在体育教学中的应用

（一）虚拟现实技术在体育技能教学中的应用

虚拟现实技术在体育技能教学中的引入，为学生提供了一个沉浸式、交互性强的学习环境，使其能够在逼真的场景中探索和练习各种体育运动技能。通过虚拟现实系统，学生可以置身于模拟的体育运动场景中，如足球场、篮球场、游泳池等，在这些场景中，他们能够与虚拟的对手或队友进行交互，执行各种战术和技巧，从而获得宝贵的运动体验。

与传统的体育技能教学相比，虚拟现实技术的优势在于其沉浸感和交互性。学生佩戴头盔显示器和数据手套等设备后，能够获得身临其境的感觉，仿佛真的置身于运动场景之中。这种沉浸式体验能够提高学生的注意力和参与度，激发其学习兴趣和动机。同时，虚拟现实系统能够根据学生的动作和反应提供实时反馈，让学生及时了解自己的运动表现，发现并纠正错误，从而加快技能掌握的进程。

虚拟现实技术还能够突破时空限制，为学生创设多样化的学习情境。无论是高山滑雪、冲浪还是击剑等小众或受场地限制的运动项目，都能够通过虚拟现实得以实现。学生不必受制于现实条件，即可以在虚拟环境中体验和学习各种体育运动，这大大拓宽了体育教学的内容和形式。

（二）交互式虚拟仿真技术提高学习动机

交互式虚拟仿真技术在体育教学中的应用，为学生提供了身临其境的学习体验，极大地激发了他们的学习动机和兴趣。传统的体育教学模式受到场地、器材等客观条件的限制，学生难以在课堂上充分感受和理解复杂的运动技能。而虚拟仿真技术突破了这一局限，学生可以在虚拟环境中反复练习、体验各种运动项目，从而加深对运动技能的理解和掌握。

虚拟仿真技术还能够为学生营造逼真的运动情境，提供沉浸式的学习体验。学生置身于虚拟的赛场或运动场景中，能够切身感受运动项目的魅力，体验运动带来的乐趣和挑战。这种沉浸式的体验不仅能够提高学生的参与度和投入度，更能激发其运动热情，培养终身体育锻炼的意识和习惯。与此同时，虚拟仿真技术还为学生提供了自主探索、创新尝试的机会。在虚拟环境中，学生可以根据自己的兴趣和特长，选择不同的运动项目进行练习。他们可以尝试不同的动作组合、战术策略，发挥创造力和想象力。这种自主探索的过程不仅能够提高学生的学习主动性，更能培养其独立思考、勇于创新的能力，为其未来的发展奠定基础。

教师在教学中引入虚拟仿真技术，不仅能够为学生创设生动、逼真的学习情境，调动其学习积极性，更能发挥自身的引导和辅助作用。教师可以利用虚拟仿真平台，为学生提供个性化的指导和反馈。通过对学生在虚拟环境中的练习数据进行采集和分析，教师能够及时发现其动作要领掌握的不足，有针对性地予以纠正和指导。这种即时、精准的反馈有助于学生及时调整练习方法，提高运动技能的掌握效率。

（三）虚拟仿真在教学评估中的优势

虚拟仿真技术在教学评估中的应用，为高校体育教学质量的提升提供了新的思路和方法。传统的体育教学评估往往局限于对学生运动技能的考察，忽视了体育学科的综合性和实践性特点。而虚拟仿真技术的引入，则有助于构建一个全方位、多角度、立体化的教学评估体系，更加全面、客观地评价学生的体育学习效果。

虚拟仿真技术可以模拟真实的体育运动环境，为学生提供身临其境的学习体验。学生可以在虚拟场景中反复练习、探索，从而加深对体育技能的理解和掌握。同时，虚拟仿真系统还能够实时记录学生的运动数据，如动作完成度、力量控制、协调性等，为教师的教学评估提供翔实、可靠的依据。通过对这些数据的分析，教师可以精准诊断学生存在的问题，有针对性地调整教学策略，从而提高教学的有效性。

虚拟仿真技术有助于拓宽体育教学评估的内容和方式。在虚拟环境中，教师不仅可以考查学生的运动技能，还可以设计各种情境，评估学生的战术意识、决策能力、心理素质等。这种多维度的评估方式，更加符合现代体育教学的要求，有利于学生综合素质的提升。虚拟仿真技术还可以支持个性化的教学评估。系统可以根据学生的特点和需求，自动生成个性化的学习任务和评估方案，实现因材施教、因需施教。这不仅能够激发学生的学习兴趣，还能够最大程度地发挥每个学生的潜能。

虚拟仿真技术为体育教学评估提供了更加客观、公正的标准。传统的体育考试往往受到主观因素的影响，如考官的偏好、考生的心理状态等，难以确保评估结果的一致性和可比性。而虚拟仿真系统可以对学生的表现进行精确测量和量化评价，大大减少了人为因素的干扰。同时，系统还可以存储海量的历史数据，通过大数据分析，建立起科学、规范的评估标准体系。这不仅有助于保证评估的公平性，也为体育教学改革提供了重要的数据支撑。

虚拟仿真技术还为体育教学评估创造了更加广阔的空间。利用网络平台，教师可以打破时空限制，实现远程教学和评估。学生可以随时随地参与到虚拟仿真实训中，接受教师的指导和考核。这种灵活、开放的教学模式，不仅扩大了优质教育资源的覆盖面，也为学生的自主学习、终身学习提供了便利条件。同时，虚拟仿真技术还可以促进校际间的交流与合作，实现资源共享、优势互补，推动体育教学评估的创新发展。

四、移动学习在体育教学中的应用

（一）移动学习应用的开发与整合

移动学习应用的开发与整合是高校体育教学创新的重要途径。随着移动互联网技术的迅猛发展，智能手机、平板计算机等移动设备已成为人们学习、工作、生活的重要工具。在这一背景下，开发针对体育教学的移动应用，构建移动学习平台，已经成为提升体育教学质量、满足学生个性化学习需求的必然选择。

移动学习应用的开发应立足体育教学实际，遵循教育教学规律。应用设计应紧紧围绕体育课程标准和教学大纲，充分考虑不同年级、不同专业学生的学情特点，精心设计教学内容和学习活动。应用开发应充分发挥移动设备的独特优势，采用生动直观的图文、音频、视频等多媒体形式呈现教学内容，提供交互性强、趣味性高的学习体验。应用功能应涵盖课前预习、课中互动、课后复习等教学全过程，既要支持自主学习，也要促进协作探究，全面提升学生的体育素养。

移动学习平台的构建需要整合多方资源，协调多种因素。一方面，平台建设应充分利用学校现有的教学资源和信息化基础设施，与教务管理系统、数字图书馆等既有平台实现无缝对接，最大限度地发挥资源的聚合效应。另一方面，平台运营应建立健全的管理机制和激励机制，调动体育教师参与平台建设、开发应用的积极性，鼓励学生利用平台开展自主学习、个性化学习。平台应与社会体育资源广泛链接，引入优秀的体育训练视频、竞赛实况等资源，拓宽学生的体育视野，培养其终身体育意识。

（二）移动设备在体育教学中的角色

移动设备在体育教学中扮演着重要角色，既为学习者提供了便捷、灵活的学习工具，也为教师创新教学模式和方法提供了全新的思路。然而，移动设备在为体育教学带来机遇的同时，也提出了诸多挑战，需要教育工作者审慎对待、积极应对。

移动设备最显著的优势在于打破了时空限制，使得学习者能够随时随地开展体育学习。通过移动设备，学生可以观看教学视频、阅读电子教材、完成在线测试，实现碎片化、个性化的学习。这种灵活的学习方式不仅能够满足学生多样化的学习需求，激发其学习兴趣，还能培养其自主学习、终身学习的意识和能力。移动设备还能帮助学生实时记录和分析运动数据，如心率、步数、卡路里消耗等，让体育锻炼更加科学、高效。

对于教师而言，移动设备为创新教学模式和方法提供了广阔空间。教师可以利用移动设备开发交互式的教学资源，如虚拟现实（VR）、增强现实（AR）等，营造身临其境的学习体验；可以通过移动设备实施翻转课堂，让学生在课前自主学习理论知识，课上开展讨论、合作、实践等高阶认知活动；可以借助移动应用开展形成性评价，及时跟踪学生的学习进展，调整教学策略。这些举措有助于突破传统体育教学的局限，提升教学针对性和实效性。

然而，移动设备在体育教学中的应用也面临诸多挑战。并非所有学生都具备使用移动设备开展学习的意识和能力，这就要求教师加强引导，帮助学生养成良好的学习习惯。尽管移动设备能够提供丰富的学习资源，但其质量参差不齐，教师需要甄别筛选，为学生推荐优质、可靠的学习内容。过度依赖移动设备可能弱化师生互动和学生之间的交流协作，影响学习效果，教师应加强课堂组织管理，营造良好的学习氛围。使用移动设备还可能带来健康隐患，如视力下降、肌肉骨骼损伤等，需要引导学生科学、适度地使用移动设备。

深入分析移动设备在体育教学中的作用，我们可以发现，移动设备既是学生自主学习的有力工具，也是教师创新教学的重要抓手。要充分发挥移动设备的优势，化解其带来的挑战，关键在于把握移动学习的规律特点，遵循体育教学的基本原则。教师应立足学情，精心设计教学活动，引导学生合理利用移动设备，并与其他教学方式有机结合、优势互补。唯有如此，才能真正实现移动设备与体育教学的深度融合，不断提升体育课程的教学质量。

第二节　案例教学与实践教学的结合

一、案例教学的特点

（一）情境模拟的真实性

情境模拟是高校体育教学中一种重要的教学手段，它通过构建真实的运动情境，让学生在身临其境的体验中加深对体育知识和技能的理解与掌握。情境模拟强调创设与现实生活相似的学习环境，引导学生在具体情境中主动探索、积极思考，从而实现知识内化和能力提升。这种教学方式不仅能够激发学生的学习兴趣，调动其参与热情，更能培养学生分析问题、解决问题的能力，提高其应对复杂情况的适应能力。

在高校体育教学中应用情境模拟，需要教师精心设计教学情境，使其符合体育学科特点和学生认知规律。一方面，教学情境应尽可能贴近学生的生活实际，选取他们感兴趣或未来可能遇到的体育场景，如运动会、球类比赛、户外徒步等，以增强教学内容的吸引力和针对性。另一方面，教学情境的设计还应考虑学生已有的知识基础和技能水平，既要有一定的挑战性，激励学生努力学习；又不能过于复杂，导致学生产生畏难情绪。教师还应为学生提供必要的学习支架和引导，帮助他们在情境中形成清晰的思路，掌握关键的学习方法。

在具体的教学实践中，教师可以灵活运用多种情境模拟的方式，如角色扮演、案例分析、实地考察等，提高教学的趣味性和互动性。以体育游戏教学为例，教师可以设计一个“寻宝”的情境，让学生分组进行探险竞赛。在这个过程中，学生不仅能够体验合作与竞争的乐趣，锻炼团队协作能力，还能够运用多种体育技能，如奔跑、跳跃、攀爬等，在情境中强化运动技能。又如，在体育理论教学中，教师可以选取一些经典的体育赛事案例，引导学生分析其中蕴含的战术策略、团队精神等，加深对体育文化内涵的理解。在这些鲜活生动的情境中，学生往往能够产生强烈的代入感，主动投入到学习中去，在潜移默化中提升体育素养。

（二）知识与经验的结合

知识与经验的结合强调将理论教学与体育人物或事件案例相结合，引导学生在具体情境中理解知识的实际运用。这种教学模式不仅能够激发学生的学习兴趣，提高其参与度，更有利于培养学生运用所学知识分析、解决实际问题的能力。

在传统的体育理论教学中，教师往往采用灌输式的讲授方法，学生被动地接受知识，缺乏主动思考和实践操作的机会。这种教学模式容易导致学生对体育理论知识产生抽象、枯燥的印象，难以真正理解其内在意义和实际应用。而案例教学则通过引入具体、生动的体育人物事迹或体育赛事案例，为学生提供了观察、分析、讨论的素材，使得理论知识变得鲜活、具体、易于理解。

以“奥运精神”这一概念为例，如果仅仅通过理论讲解，学生可能难以真正领会其内涵。但如果引入具体的奥运选手事迹，如中国女排的“女排精神”、刘翔的拼搏精神等，学生就能够从这些鲜活的案例中感受到奥运精神的力量，理解其中蕴含的人文价值和道德内涵。通过对案例的讨论和分析，学生不仅能够加深对理论知识的理解，更能提升其价值判断和道德推理能力。

案例教学不仅能够促进学生对体育理论知识的掌握，更有助于培养其综合素质和实践能力。在案例分析的过程中，学生需要运用批判性思维，从多角度、多层面分析问题，提出自己的见解。这一过程不仅锻炼了学生的逻辑思辨能力，也培养了其表达沟通、团队协作等关键能力。同时，案例教学还能引导学生关注体育实践中的现实问题，如体育道德失范、兴奋剂问题等，引发其对体育伦理、体育法规等问题的思考，提升其体育道德修养和法治意识。

（三）问题导向的互动性

问题导向的互动性是案例教学法的重要特点之一。通过以实际问题为引导，教师可以激发学生的讨论兴趣，提高其参与度，培养其批判性思维能力。在案例教学中，教师通常会精心设计一些与教学内容紧密相关、具有一定挑战性的问题，引导学生进行深入思考和探讨。这些问题往往没有标准答案，需要学生运用所学知识，结合自身经验，提出自己的见解和观点。在讨论过程中，学生不仅要阐述自己的观点，还要倾听他人的意见，学会尊重和包容不同声音。同时，面对他人的置疑和挑战，学生需要运用逻辑思辨能力，通过论证和分析来捍卫自己的立场。这一过程不仅有助于巩固和深化学生对知识的理解，更能锻炼其批判性思维和表达沟通能力。

问题导向的互动性还体现在师生之间、生生之间的良性互动。在案例教学中，教师不再是高高在上的权威，而是学生学习的引导者和促进者。教师需要营造一个开放、平等、互信的课堂氛围，鼓励学生大胆提问、积极发言。同时，教师还要注重引导学生之间的互动，如组织小组讨论、角色扮演等，让学生在合作探究中学会倾听、表达、协作。这种师生互动、生生互动的教学模式，打破了传统的“一言堂”局面，激发了学生的主动性和创造性，提高了教学效果。

在设计问题和组织互动时，教师要注意把握尺度，避免问题过于简单或过于复杂。过于简单的问题缺乏挑战性，难以调动学生的积极性；过于复杂的问题则可能超出学生的认知水平，引起其畏难情绪。因此，问题设计应遵循循序渐进、由易到难的原则，既要体现教学内容的针对性，又要契合学生的认知特点。同时，教师还要注意引导互动的方向和节奏，既要给学生充分表达的机会，又要适时总结、提炼，避免讨论陷入无意义的纷争或跑题。

二、实践教学的重要性

（一）技能掌握与体能提升

体育实践教学是实现体育技能掌握与体能提升目标的重要途径。通过设计科学合理的体育实践活动，教师能够引导学生在身体力行中深化对体育知识的理解，提升运动技能，增强身体素质。在这一过程中，学生不仅能够掌握正确的运动方法，养成良好的锻炼习惯，更能够体验运动的乐趣，培养终身体育的意识和能力。

体育实践教学的内容应该紧密围绕体育技能培养和体能提升这两大目标。一方面，教师要根据不同运动项目的特点和要求，精心设计技术学习与训练环节，帮助学生掌握基本动作要领，提高动作的准确性、协调性和灵活性。例如，在篮球教学中，教师可以通过分解动作训练、完整动作练习、实战演练等方式，逐步提升学生的运球、传球、投篮等基本技术。另一方面，教师还要合理安排体能训练内容，采用循序渐进、科学负荷的原则，在发展学生速度、力量、耐力、灵敏等身体素质的同时，注重增强其心肺功能和免疫力。

为了充分发挥体育实践教学的育人功能，教师还应该创新教学组织形式，丰富教学内容和手段。教师可以根据学生的个体差异和兴趣爱好，采用分层教学、小组合作学习等方式，因材施教，激发学生参与体育活动的主动性。与此同时，教师还可以利用现代信息技术手段，如体育 App、运动手环等，实时监测和反馈学生的运动数据，帮助其调整运动方案，提高练习效率。教师还可以将体育游戏、音乐律动、瑜伽等新颖有趣的内容引入课堂，寓教于乐，以满足学生多元化的需求。

除课堂教学外，课外体育实践活动也是体育技能掌握和身体锻炼的重要平台。教师应积极组织和引导学生参加各类体育社团、运动会、体育竞赛等，为其提供展示运动技能、挑战自我极限的机会。在这些活动中，学生不仅能够将课堂所学运用到实践，还能培养团队协作、勇于拼搏的品质，以及严格遵守规则、公平竞争的体育道德。

（二）体验学习与情感教育

体验学习与情感教育在高校体育实践教学中占据着重要地位。通过亲身参与各种体育活动，学生能够在运动中获得直接而生动的身体感知，在与他人的互动中体验多样的情感。这种以身体为载体的体验学习，不仅有助于学生掌握运动技能，提升身体素质，更能够帮助其形成积极向上的情感态度和正确的价值观念。

在体育实践教学中，学生通过参与各种游戏、比赛、训练等活动，能够切身感受运动的乐趣和挑战。在奔跑、跳跃、投掷等基本动作中，学生的身体得到全面锻炼，力量、速度、耐力、灵敏等素质也得到提升。与此同时，在运动过程中产生的兴奋、喜悦、成就感等积极情绪，能够有效缓解学习压力，调节身心状态，为学生的健康成长奠定基础。这种建立在身心愉悦基础上的情感体验，将成为学生终身享用的宝贵财富。

体育实践教学还为学生提供了广泛的社会交往机会。在与队友的配合、与对手的较量中，学生能够体验团结协作、互相欣赏的快乐，也能学会遵守规则、尊重他人、正直诚信的品德。体育运动固有的竞争性，更是磨炼学生意志品质的良好契机。面对困难和挫折，学生唯有以百折不挠的毅力去克服和战胜，才能收获成功的喜悦。可以说，体育实践教学是开展情感教育、培育高尚品格的沃土。

（三）自主学习与创新能力培养

实践教学在鼓励学生自主学习和创新能力培养方面具有独特优势。通过亲身参与体育活动，学生能够在实践中主动探索、发现问题，并尝试运用所学知识和技能加以解决。这一过程不仅有助于巩固课堂所学，更能激发学生的求知欲和创造力，培养其独立思考、勇于尝试的品格。

在实践教学中，教师应创设开放、自由的学习环境，给予学生充分的自主权。例如，在球类运动教学中，教师可以设置开放性问题，引导学生思考如何提高传球的准确性、如何优化战术配合等。学生通过小组讨论、头脑风暴等方式，提出自己的见解和方案，并在实践中加以验证和改进。在这一过程中，学生的主动性和创造性得到了充分发挥，同时也锻炼了团队协作、沟通表达等关键能力。

实践教学还能为学生提供展示自我、挑战自我的平台。通过参与各种体育竞赛和活动，学生有机会在更大舞台上施展才华，追求卓越。无论是在赛场上的拼搏还是在活动中的组织协调，都能让学生深刻认识到付出与收获的关系，体会到超越自我的快乐。这些宝贵的经历将成为学生成长道路上的重要财富，激励其奋发向上、不断进取。

教师在实践教学中的角色也需要重新定位。教师不再是高高在上的知识传授者，而应成为学生学习的引导者、合作者。教师要放低姿态，与学生平等交流，倾听他们的想法，理解他们的需求。同时，教师还要为学生搭建探索的平台，提供必要的指导和帮助。唯其如此，师生之间才能形成良性互动，共同营造自主、愉悦的学习氛围。

自主学习绝非放任自流。教师在给予学生自主权的同时，也要加强引导和监督，确保学习活动朝着正确方向发展。例如，教师可以与学生共同制订学习计划，明确学习目标和任务；在学生自主探索的过程中，教师要适时提供反馈和指导，帮助其克服困难、总结经验。只有在教师有效指导下，学生的自主学习才能真正落到实处，取得实效。

三、案例与实践的结合方式

（一）案例教学与实践活动的顺序安排

案例教学与实践活动的有机结合是高校体育教学的重要创新方向。传统的体育教学往往以教师讲授为主，学生被动接受知识，缺乏主动探索和实践的机会。而案例教学与实践活动的融合，能够调动学生的学习积极性，培养其独立思考、动手实践的能力。

在案例教学与实践活动的顺序安排上，需要遵循由浅入深、由易到难的原则。教师应精选典型案例，引导学生分析案例中的问题和解决方案，建立起初步的理论基础。在此基础上，教师可以设计与案例相关的实践活动，如模拟训练、角色扮演等，让学生在实践中加深对理论知识的理解。随着学生能力的提升，教师可以进一步增加案例和实践的难度，引导学生开展更加开放、更具挑战性的探究活动。

案例教学与实践活动的时间分配也需要科学规划。一般而言，案例教学应安排在实践活动之前，为实践提供必要的理论支撑。但是，过多的案例分析时间会削弱学生的实践热情，影响教学效果。因此，教师应根据教学内容和学生特点，灵活调整案例教学与实践活动的时间比例，确保二者的有机衔接。

案例教学与实践活动的融合还应贯穿整个教学过程。在教学前，教师需要进行充分的准备工作，包括案例的选择、实践活动的设计等。在教学中，教师应注重引导学生将案例知识运用到实践中，鼓励其大胆尝试、勇于创新。在教学后，教师还应组织学生对案例和实践进行反思总结，梳理收获与不足，为后续学习奠定基础。

（二）案例选择与实践内容的相关性

案例选择与实践内容的相关性对于提高高校体育教学质量、培养学生综合素质具有重要意义。在体育教学中，案例不仅是理论知识的载体，更是引导学生进行实践探索的重要媒介。只有选择与实践活动紧密相关的案例，才能增强教学的针对性和实效性，使学生在实践中深化对理论知识的理解，提升运动技能和身体素质。

从知识理解的角度来看，与实践内容相关的案例能够帮助学生建立起理论与实践的联系。通过分析真实的体育教学案例，学生能够更直观地认识体育理论在实践中的应用，加深对体育概念、原理的理解。同时，教师在案例教学中还可以引导学生探讨案例中的问题，分析其成因，提出解决方案。这一过程不仅能够激发学生的思考和探究欲望，更能培养其分析问题、解决问题的能力。

从技能提升的角度来看，与实践内容相关的案例为学生提供了宝贵的间接经验。在实践教学中，学生往往难以在短时间内掌握复杂的运动技能。而通过学习优秀运动员的案例，学生能够了解技能形成的过程，领悟动作要领，从而为自身的练习提供参考和指导。教师还可以引导学生对比不同案例中的动作表现，分析其优劣，总结经验教训，以提高实践教学的有效性。

从素质培养的角度来看，与实践内容相关的案例蕴含着丰富的教育价值。体育运动不仅是身体的运动，更是人格的塑造。每一个体育案例背后都凝结着体育精神和人文情怀，如拼搏进取、勇于挑战、团结协作、奉献友爱等。通过讲述发生在赛场内外的动人故事，分析体育明星的成长历程，教师能够引导学生思考体育运动的意义和价值，体会其中蕴含的人文精神，从而达到育心育德的目的。

（三）教学目标与评价方法的协同

案例与实践相结合的教学方法为高校体育教学带来了全新的视角与活力。在设计教学目标时，教师不仅要注重学生体育知识和运动技能的掌握，更要关注其身心健康、社会适应能力等非智力因素的培养。这就要求教师在制订教学目标时，要从知识、能力、情感态度与价值观多维度进行考量，使目标更加全面、均衡。

具体而言，在知识层面，案例与实践相结合的教学应旨在帮助学生构建起系统完整的体育与健康知识体系。通过深入浅出地讲解经典案例，学生不仅能够准确理解体育概念和原理，还能感受到体育学科的理论魅力。与此同时，鼓励学生参与到实践活动中，亲身体验运动的乐趣，能够加深他们对体育知识的领悟，使理论学习更加生动立体。

在能力层面，案例教学与实践活动的融合有助于提升学生的运动技能和创新能力。优秀的体育案例蕴含着丰富的战术策略和训练方法，学生通过案例分析，能够开阔眼界、启迪思路，并在实践中加以验证和应用。同时，开放性的体育实践活动为学生提供了施展才华的平台，他们可以创造性地设计动作、组合技术，在创新实践中提升综合能力。

在情感态度与价值观层面，案例与实践相结合的教学对培养学生积极健康的人格具有重要意义。体育案例中蕴含着体育精神和人文情怀，展现了体育健儿顽强拼搏、公平竞争、团结协作的优秀品质。

构建科学合理的评价体系是检验案例与实践相结合教学效果的关键。评价不应局限于期末的运动技能测试，而要突出过程性、多元化特点。教师可采取学生自评、生生互评、师生共评等多种评价方式，全面考察学生在知识理解、实践应用、团队协作、创新思维等方面的表现。评价内容也要与教学目标紧密联系，既要看重学生的运动成绩，又要关注其道德品质和创新能力的提升。

四、案例与实践教学的组织实施

（一）教师角色的转变与指导方式

在案例与实践教学的结合过程中，教师的角色发生了显著转变，从传统的知识传授者转变为学习过程的引导者和促进者。教师不再是高高在上的权威，而是与学生平等互动的伙伴，共同参与探索知识、解决问题的过程中。这一角色转变要求教师具备更加全面的素质和能力，不仅要有扎实的理论基础和实践经验，还要掌握多样化的教学方法，善于激发学生的学习兴趣和主动性。

具体而言，在案例教学环节，教师需要精心设计案例情境，引导学生进行深入分析和讨论。这要求教师具有敏锐的洞察力，能够发现案例中蕴含的关键问题和矛盾，提出富有启发性的问题，引导学生进行多角度、多层次的思考。同时，教师还要掌握讨论的节奏和方向，适时进行点拨和总结，帮助学生梳理思路、凝练观点。在这一过程中，教师不是简单地给出标准答案，而是鼓励学生自主思考、勇于质疑，培养其批判性思维和创新意识。

在实践教学环节，教师则要充分尊重学生的主体地位，给予其更多自主探索的空间。教师要放低姿态，与学生一起动手实践、体验感悟，成为学生学习的引路人和合作者。在设计实践活动时，教师要考虑学生的兴趣爱好和认知特点，提供开放性的任务情境，鼓励学生自主设计方案、组织实施，在实践中发现问题、解决问题。教师要及时给予指导和反馈，帮助学生总结经验教训，提升实践能力。同时，教师还要注重培养学生的团队意识和协作精神，引导其在与他人合作的过程中学会沟通表达、互帮互助。

案例与实践教学的有机结合，对教师的教学能力提出了更高要求。教师要学会根据教学内容和学生特点，灵活选择和运用不同的教学方法，在案例分析与实践体验中实现理论与实践的融会贯通。这就要求教师既要有深厚的学科功底，又要具备一定的教学艺术和创新意识。教师要善于挖掘生活中的真实案例，将其与教学内容巧妙结合，设计出富有吸引力和挑战性的教学活动。同时，教师还要不断反思和改进自己的教学实践，虚心听取学生的意见和建议，与时俱进地更新教学理念和方法。

（二）学生分组与任务分配

在案例与实践教学中，合理的学生分组与任务分配是实现教学目标、提高教学效果的关键。科学的分组方式能够调动学生的积极性，促进其主动参与到学习过程中来。同时，恰当的任务分配不仅能够发挥每个学生的特长，还能培养其团队协作意识和组织管理能力。

从学生特点出发，因材施教地进行分组是提高案例与实践教学针对性的有效策略。教师应该全面了解学生的知识基础、能力水平、性格特点等，据此将学生分为若干个异质性小组。每个小组中既有学习成绩优异的“小老师”，又有基础相对薄弱的“学习伙伴”，还应兼顾学生性格特点的互补。这种分组模式有利于学生之间的互帮互学，使每个学生都能找到适合自己的位置，获得表现和锻炼的机会。

在进行任务分配时，教师要充分尊重学生的个性发展需求。可以让学生根据自己的兴趣特长和能力水平，自主选择感兴趣的任务。对于难度较大的任务，教师可以采取“小组协作”的方式，鼓励学生发挥各自优势，合作完成任务。这不仅能够提高学生的参与度，还能锻炼其沟通表达、团队协作等关键能力。当然，教师也要注意适时“拨乱反正”，避免任务分配畸轻畸重影响学习效果。

科学的组内分工和角色设置也是任务分配的重要内容。可以设置组长、记录员、报告人等不同角色，并根据学生特点进行合理分工。组长负责统筹规划、协调组织，记录员负责学习过程记录和资料整理，报告人负责学习成果的展示汇报。通过角色分工，学生的责任意识和主人翁精神能够得到培养，领导力、执行力等多种能力也能得到锻炼。

（三）资源配置与时间管理

资源配置与时间管理是实施高校体育案例与实践教学结合的关键。教学资源包括师资力量、场地设施、教学器材等硬件条件，以及教学大纲、教材、多媒体课件等软件支持。只有根据教学内容和教学计划，合理调配和优化配置各类资源，才能为教学活动的顺利开展提供坚实保障。同时，科学的时间管理也是教学组织实施的重要内容。教师要根据教学进度，统筹安排课堂教学、课外实践、学生自主学习等各个环节，确保教学任务在规定时间内高质量完成。

在实施案例教学与实践教学相结合的过程中，需要重点关注以下几个方面的资源配置与时间管理策略：第一，优化师资力量配置。案例教学对教师的专业素养和实践经验提出了较高要求。教师不仅要具备扎实的理论功底，还要积累丰富的实践经验，才能设计和实施高质量的案例教学。因此，学校应加强“双师型”教师队伍建设，鼓励教师深入实践一线，提升实践教学能力。同时，可以聘请行业专家、优秀教练担任兼职教师，补充师资力量。第二，合理规划场地设施。体育实践教学需要专门的场地设施作为支撑。学校应根据课程设置和教学需求，统筹规划体育场馆、训练场地的建设与维护，确保硬件设施满足教学要求。对于条件有限的高校，可以与社会体育场馆合作，拓展实践教学空间。第三，创新教学器材和信息化资源。现代信息技术的发展为体育教学提供了新的可能。教师应积极利用多媒体课件、体育教学App、虚拟仿真实验系统等信息化资源，创新教学模式，提高教学效率。学校应加大教学器材和信息化资源的投入，为教师和学生提供优质的教学资源。第四，精心设计教学时间安排。教师要根据教学内容的难易程度、学时分配、学生学习特点等因素，科学规划教学时间。要注意理论教学与实践教学的合理搭配，避免偏科现象。同时，要预留足够的课外时间，引导学生开展自主学习和体育锻炼，巩固课堂所学知识技能。

第三节　个性化教学法的探索

一、个性化教学的理念与目标

（一）理念阐述

个性化教学理念的提出，彰显了现代教育对学生个体差异的尊重和重视。

在传统的教育模式中，教师往往采用“一刀切”的教学方式，要求所有学生按照统一的标准和进度学习，忽视了学生在生理、心理、认知等方面的差异。这种教学模式虽然便于管理和考核，但却难以满足学生个性化发展的需要，容易导致学生学习兴趣和效率的下降。个性化教学理念的核心是以学生为中心，充分尊重学生的个体特点，因材施教，促进每个学生的全面发展。

在高校体育教学中，贯彻个性化教学理念具有重要意义。体育运动作为一项实践性很强的活动，学生的体质条件、运动基础、兴趣爱好存在较大差异。如果教师仍然采用统一的教学内容和方法，不仅难以调动学生的积极性，还可能影响到教学效果和学生的身心健康。个性化的体育教学应从学生的实际情况出发，根据其特点和需求设置教学目标、选择教学内容、采用灵活多样的教学方法，最大限度地发挥每个学生的潜能，促进其身体素质和运动技能的提高。

个性化教学理念的实施，有助于促进教育公平，提供更加均等的教育机会。在传统教育中，那些基础较差、学习较慢的学生往往得不到足够的关注和帮助，容易产生自卑、放弃的心理，导致教育不公平现象的加剧。而个性化教学通过针对性的指导和帮助，能够使每个学生得到适合自己的教育，不同起点的学生都能得到充分的发展，从而在整体上促进教育公平的实现。

个性化教学的开展，对教师的教学能力提出了更高要求。教师不仅要有扎实的专业知识和技能，还要深入了解每个学生的特点，具备驾驭课堂、因材施教的能力。这就需要教师转变教育观念，不断更新教学理念和方法，努力提高自身素质，真正成为学生学习和发展的引路人。同时，学校也应加强对教师的培训和支持，为个性化教学的实施提供必要的条件和保障。

（二）教学目标设定

教学目标是教学活动的出发点和归宿，对于教学过程具有方向性、针对性和规范性的指导作用。在高校体育个性化教学中，科学设定教学目标对于实现因材施教、促进学生全面发展至关重要。教师应当立足学生的个体差异，从知识、能力、情感态度等维度出发，制订切实可行、富有针对性的教学目标。

在知识层面，个性化教学目标应着眼于学生对体育与健康知识的掌握和内化。教师需要根据学生的认知基础和接受能力，合理设置知识目标的广度和深度。对于基础较好的学生，教师可以适当拓宽教学内容，引导其探索体育学科前沿问题；而对于基础薄弱的学生，教师则应聚焦核心知识，帮助其夯实基础。同时，知识目标的设定还应考虑学生的兴趣爱好，选取能够激发其学习动机的教学内容。唯有如此，才能提高学生对体育知识的掌握程度，激发其探究体育学科奥秘的热情。

在能力层面，个性化教学目标应重点培养学生的运动技能、身体素质和自主学习能力。教师应当全面评估学生的运动潜能，有的放矢地制订技能目标。对于身体素质较好的学生，可以设置更高难度的技能训练任务，引导其挑战自我、突破极限；而对于身体素质一般的学生，则应以提高基本技能为主，注重巩固和熟练。与此同时，教师还应注重培养学生自主学习、自我管理的能力，鼓励其根据自身特点和需求，主动制订体育锻炼计划，养成终身体育的意识和习惯。

在情感态度层面，个性化教学目标应致力于塑造学生积极向上的体育价值观和健康人格。体育不仅是一门培养身体素质的学科，更承载着弘扬体育精神、传递人文关怀的重要使命。教师应当引导学生正确认识体育运动的内在价值，树立“健康第一”的理念，培养吃苦耐劳、顽强拼搏的意志品质。对于身心发展不太平衡的学生，教师还应通过体育活动帮助其舒缓压力、增强自信，促进身心健康全面发展。

需要强调的是，个性化教学目标的设定绝非一蹴而就，而应建立在对学生长期、全面的了解基础之上。教师要充分运用现代信息技术手段，动态监测、评估学生的体质健康状况、运动技能水平和心理特征，据此动态调整教学目标。在实施教学的过程中，教师还应与学生保持良性互动，及时了解学生的学习诉求，鼓励学生参与教学目标的制订，增强其获得感和主人翁意识。

（三）提高学生自主性

个性化教学在提高学生自主性方面发挥着关键作用。传统的“一刀切”教学模式忽视了学生的个体差异，难以激发其内在学习动机，导致学生被动接受知识，缺乏主动探索的意识和能力。而个性化教学以学生为中心，尊重每个学生的兴趣爱好、认知风格和发展需求，为其提供量身定制的学习支持和指导，营造了一种鼓励自主学习的教育生态。

在个性化教学中，教师根据学生的体育运动基础、身心发展特点等，为其设计个性化的学习目标和学习路径。学生可以在教师指导下，结合自身实际，选择适合自己的学习内容、学习节奏和学习方式。这种自主选择的过程，不仅增强了学生的学习兴趣，激发了其内在学习动机，更重要的是培养了学生自主学习的意识和能力。学生逐渐学会根据自身需求制订学习计划，选择学习资源，监控学习过程，评估学习效果。这种自我管理、自我调节的学习经历，使学生成为学习的主人，而不再是被动的知识接受者。

个性化教学还注重为学生创设开放性的学习情境，鼓励其主动探索、积极实践。例如，教师可以为不同体育运动水平的学生提供差异化的运动项目和训练方案，引导学生根据兴趣爱好进行自主选择和组合。在这一过程中，学生可以充分发挥主观能动性，根据自身条件和需求，调整运动负荷、改进运动技术，实现个性化发展。这种自主探索的学习方式，不仅提高了体育学习的针对性和实效性，更重要的是锻炼了学生发现问题、分析问题、解决问题的能力，培养了其创新意识和实践能力，为其终身学习和发展奠定了坚实的基础。

个性化教学还为学生搭建了展示自我、表达自我的平台。教师鼓励学生根据自身特长和兴趣，自主设计体育活动方案，组织体育竞赛或展示。在这一过程中，学生可以充分施展自己的才华，表达自己的想法，展示自己的风采。这种自我表现的机会，不仅提升了学生的自信心和自豪感，更重要的是培养了其组织协调、沟通表达等关键能力，对其身心健康发展具有重要意义。

二、学生个体差异的识别与分析

（一）个体生理条件差异的识别方法

个体生理条件差异的识别是高校体育个性化教学的重要前提和基础。学生的身体发育水平、体质状况、运动潜能等方面存在显著的个体差异，这就需要教师通过科学的测试与评估，全面了解每个学生的生理特点，为后续的个性化教学提供可靠依据。

在身体发育水平测评方面，教师可以采用标准的人体测量方法，如身高、体重、胸围等指标的测量，掌握学生的生长发育状况。同时，还应关注学生的性别差异，研究表明，男女学生在骨骼、肌肉等方面的发育节奏和程度存在显著差异，这些差异将直接影响其运动能力的表现。因此，教师在制订个性化教学方案时，必须充分考虑性别因素的影响。

体质状况是评估学生身体机能和运动能力的重要指标。教师可以通过一系列体质测试，如心肺功能测试、柔韧性测试、速度和灵敏性测试等，全面评估学生的耐力、力量、速度等身体素质。这些测试不仅能够反映学生的整体体质水平，还能揭示其在特定素质方面的优势和不足。基于测试结果，教师可以因材施教，为体质较弱的学生提供针对性的体能训练计划，帮助其提升身体机能；对于体质优秀的学生，则可以给予更高难度的训练任务，发掘其运动潜能。

运动潜能是学生在某项运动上取得成就的可能性，它受遗传因素和后天训练的双重影响。尽管运动潜能难以通过单一的测试获得精确评估，但教师仍可以通过长期观察和专业判断，识别学生在特定运动项目上的天赋和才能。例如，身材高大、四肢修长的学生可能更适合篮球、排球等对身高有较高要求的运动；而身材矮小、灵活敏捷的学生则可能在体操、武术等项目上具有优势。教师应根据学生的身体条件和运动爱好，引导其选择最适合自己的运动项目，并提供有针对性的技能训练指导。

（二）个体心理特征分析

个体心理特征分析对于高校体育教学具有重要意义。每个学生都是独特的个体，他们有着不同的性格特点、兴趣爱好、认知方式和情绪反应。这些心理特征深刻影响着学生在体育学习中的表现和发展。因此，教师必须深入了解学生的个体心理差异，才能因材施教，提供针对性的指导和帮助。

学生的性格特点是个体心理特征中最为稳定和显著的方面。不同性格类型的学生在体育学习中表现出明显差异。外向型学生往往更加活跃、热情，喜欢参与集体运动项目；而内向型学生则更加沉稳、慎重，偏好个人运动项目。教师应根据学生的性格特点，合理安排教学内容和方式，创设适宜的学习情境，激发其参与热情。例如，对于外向型学生，教师可以多组织一些团队合作、竞争对抗的体育活动；而对于内向型学生，则可以提供更多独立练习、自主探索的机会。

学生的兴趣爱好也是影响其体育学习的重要因素。每个学生都有自己独特的运动爱好和专长，这往往源于其成长经历、家庭环境等因素的影响。有的学生酷爱足球，有的学生醉心舞蹈，还有的学生专注武术。作为教师，一方面，要尊重学生已有的兴趣爱好，为其提供充分展示和发展的平台；另一方面，要引导学生拓宽视野，尝试更多运动项目，发掘更多可能性。兴趣是最好的老师，教师只有激发起学生的运动兴趣，才能调动其学习积极性，取得最佳教学效果。

认知方式的差异也值得教师关注。有的学生偏好动手实践，通过反复练习掌握技能；有的学生善于抽象思考，通过理论分析理解动作要领。教师应根据学生的认知特点，灵活运用不同的教学方法，如示范法、游戏法、情境法等，帮助学生建立起完整、系统的认知结构。同时，教师还应引导学生主动思考，鼓励其提出问题、发表见解，培养其独立学习、自主探究的能力。只有尊重学生的认知规律，教学才能事半功倍。

学生在体育学习中还会表现出不同的情绪反应。面对挫折和困难，有的学生会感到气馁、沮丧，有的学生则会更加兴奋、斗志昂扬。这些情绪波动直接影响着学生的学习状态和运动表现。教师必须密切关注学生的情绪变化，及时给予疏导和鼓励。例如，当学生在比赛中失利时，教师要帮助其正确认识失败，鼓励其从中吸取教训、总结经验；当学生在训练中感到枯燥乏味时，教师则要创设轻松愉悦的学习氛围，设计一些趣味性的练习项目，重新点燃学生的热情。只有做到因情施教，才能帮助学生始终保持积极向上的学习状态。

（三）个体学习风格的辨识与分析

学习风格理论认为，每个学生都有自己独特的学习方式和偏好。准确识别和分析学生的个体学习风格，是实施个性化教学的重要前提。科学、系统的学习风格测评工具在这一过程中发挥着关键作用。

学习风格测评工具通常采用问卷调查的形式，从感知通道、信息加工、思维模式等多个维度评估学生的学习偏好。例如，VARK 学习风格量表将学生划分为视觉型、听觉型、读写型和动觉型四种类型，分别对应图像、声音、文字和实践操作等不同的学习方式。教师可以根据量表的评估结果，为不同类型的学生提供针对性的学习资源和教学策略。

除了学习偏好，学习风格测评工具还能揭示学生在学习过程中的优势和局限。例如，序列型学习者擅长按部就班地掌握知识，但可能缺乏创新思维；而随机型学习者思维发散，但在知识整合方面可能存在不足。教师应根据测评结果，引导学生认识自身特点，扬长避短，提高学习效率。

学习风格测评结果的解读和应用也需要教师的专业判断。任何测评工具都有其局限性，教师不应将其视为固有标签，而应将其作为了解学生的参考。在实际教学中，教师还应通过观察、交流等多种方式，深入了解学生的个性特点，以测评为基础，因势利导。

三、个性化教学策略的制订

（一）制订策略的基本原则

制订个性化教学策略需要坚持以学生为中心的基本原则，充分考虑学生的个体差异和发展需求，在此基础上兼顾教学目标的达成。个性化教学并非放任自流或过度迁就学生，而是要在尊重学生个性、满足学生需求的同时，引导其朝着既定的教育目标不断进步和提升。

教师在制订个性化教学策略时，首先要深入了解每个学生的身心发展特点、兴趣爱好、学习风格等，为因材施教提供依据。通过问卷调查、个别谈话、行为观察等多种方式收集学生信息，建立完善的学生档案，动态跟踪学生的成长变化。在此基础上，教师要结合学生特点和课程要求，灵活设计差异化的教学内容和方法，为不同学生提供个性化的学习支持。

教师要树立"教学相长"的理念，充分发挥学生的主体性，激发其自主学习的积极性。个性化教学强调学生是学习的主人，教师要为学生搭建平台，创设情境，引导学生自主探究、主动建构知识。在体育教学过程中，教师要倾听学生的心声，鼓励学生表达独特见解，培养学生质疑和批判的勇气。通过这种师生平等互动、共同成长的方式，学生的个性才能得到真正的尊重和发展。

在满足学生个性需求的同时，教师也要着眼于教学目标的达成，引导学生的发展方向。每个学生都是独特的个体，有自己的兴趣专长和发展潜力。教师要充分挖掘每个学生的闪光点，因势利导，为其提供个性化的发展通道。但同时，教师也要立足课程标准，把握教学进度，确保学生在个性发展的过程中完成对基础知识和关键能力的掌握，最终达成课程目标。

个性化教学策略的制订还需要学校的大力支持和家校社会的通力配合。学校要为教师实施个性化教学提供必要的环境和资源，如合理调配师资、改革评价机制、丰富教学资源等。同时，学校还要加强与家长和社区的沟通合作，形成育人合力，为学生的个性化发展创造良好的环境。只有各方形成合力，个性化教学策略才能真正落到实处，惠及每个学生。

（二）差异化教学内容的设计

个性化教学内容的设计应以学生的个体差异为基础，根据学生的生理条件、心理特征、学习风格和技能水平等因素，有针对性地调整教材内容，实现因材施教。教师要全面了解每个学生的身心发展状况和运动潜能，通过体质测试、心理测评、学习风格量表等方式收集数据，绘制学生的个体差异图谱。在此基础上，教师要对教材内容进行细致分析，找出其中可以进行个性化处理的切入点，如运动强度、练习方式、游戏规则等，并针对不同学生的特点设计差异化的学习任务和挑战目标。

针对体质较弱的学生，教师可以适当降低运动强度，延长练习时间，增加循序渐进的步骤，帮助其建立运动信心；对于好奇心强、喜欢探索的学生，教师可以设计一些开放性的练习，鼓励其自主创编动作，发挥创造力；而对于偏好团队合作的学生，教师则可以多采用小组教学的形式，设计一些需要协作完成的任务，培养其团队意识和沟通能力。总之，个性化教学内容设计要做到因人而异、具体问题具体分析，让每个学生都能在原有水平的基础上获得最佳的发展。

个性化教学内容的有效开发，还需要教师不断更新知识储备，拓宽教学思路。教师要虚心学习体育教育的前沿理念和研究成果，了解不同国家和地区在个性化教学方面的经验做法，积极参与教研活动，与同行开展深入交流。同时，教师还要广泛涉猎心理学、教育学等相关学科的知识，提升解读学生内在需求的能力，丰富创设个性化学习情境的手段。唯其如此，个性化教学内容的设计才能不断突破思维定式，做到与时俱进、开拓创新，真正释放每个学生的运动潜能，助力其成长为全面发展的人。

个性化教学内容的设计是一个系统工程，它要求教师树立以生为本、因材施教的教育理念，深入研究学生的个体差异，灵活处理教材内容，不断更新知识技能。只有全身心地投入这项工作中，秉持科学严谨的态度，不断反思和优化，才能真正实现教学内容的个性化，推动高校体育教学朝着更加人本化、更加多元化的方向发展，为培养德智体美劳全面发展的社会主义建设者和接班人贡献智慧和力量。

（三）个性化教学方法的选择

在高校体育教学中，个性化教学方法的选择和应用是实现因材施教、提高教学质量的关键。面对学生在生理条件、心理特征、学习风格和技能水平等方面的个体差异，教师必须根据学情特点，采取多样化的教学方法，方能满足不同学生的学习需求，激发其体育学习的积极性和主动性。

从生理条件的差异来看，教师应根据学生的体质健康状况、运动能力等，采取不同的教学方法。对于体质较弱的学生，教师可采用游戏法、情景教学法等，设计轻松有趣、强度适宜的教学活动，帮助其建立运动信心，循序渐进地提高身体素质。而对于体质较好的学生，教师则可采用任务教学法、小组合作学习等，设置具有一定难度和挑战性的学习任务，引导其不断突破自我，挖掘运动潜能。

从心理特征的差异来看，教师应根据学生的兴趣爱好、性格特点等，采取不同的教学方法。对于性格外向、喜欢表现自我的学生，教师可采用角色扮演法、比赛教学法等，为其提供展示的舞台，满足其自我表现的需求。而对于性格内向、缺乏自信的学生，教师则可采用合作学习法、自主学习法等，营造宽松、包容的学习氛围，增强其参与体育活动的信心和勇气。

从学习风格的差异来看，教师应根据学生的感知类型、信息加工方式等，采取不同的教学方法。对于偏好动觉型学习的学生，教师可采用示范法、练习法等，通过肢体动作的模仿和反复练习，帮助其掌握运动技能。而对于偏好视觉型学习的学生，教师则可采用多媒体教学法、图片示范法等，运用直观形象的视觉刺激，加深其对动作要领的理解和记忆。

从技能水平的差异来看，教师应根据学生的运动基础、学习能力等，采取不同的教学方法。对于基础薄弱的学生，教师可采用分解教学法、个别辅导法等，将复杂的动作技能分解为若干简单环节，给予个性化的指导和帮助，使其循序渐进地掌握技能。而对于基础较好的学生，教师则可采用探究学习法、发现学习法等，鼓励其自主探索、主动思考，提高动作的准确性和熟练程度。

四、个性化教学的实施方法

（一）个体化教学计划的制订与实施

个性化教学计划的制订与实施是高校体育教学改革的关键举措。它要求教师立足学生个体差异，深入分析每个学生的体质特点、运动能力、兴趣爱好等，据此“量身定制”切合实际的教学方案。这一过程不仅需要教师具备扎实的专业知识和丰富的教学经验，更考验其敏锐的洞察力和细致入微的工作态度。

高质量的个性化教学计划应该体现出针对性、系统性和可操作性的特点。具体而言，教师要根据前期的学情分析结果，明确每个学生在体育学习中的优势与不足，有的放矢地确定教学目标和任务。这些目标应该既符合学生的实际水平，又具有一定的挑战性，以充分调动其学习积极性。在教学内容的选择上，教师要综合考虑学生的身心发展阶段、认知能力、运动基础等因素，科学安排理论学习与技能训练的比重，注重培养学生的体育素养和健康意识。同时，个性化教学计划还应包含详细的教学组织、教学评价、课外指导等环节，形成一个完整、系统的教学方案。

制订出科学合理的个性化教学计划只是第一步，关键在于扎实有效地付诸实施。在教学过程中，教师要充分尊重学生的个性特点和差异，因材施教，用适合的方式引导每个学生主动参与到体育学习中来。比如，对于基础较弱的学生，教师可以通过分层教学、小组合作等形式给予更多关注和帮助；而对于体育特长生，则可以提供更高难度的学习任务，挖掘其运动潜能。教师还要重视师生互动与交流，通过启发诱导、示范指导等方法，帮助学生克服困难，不断进步。

个性化教学的实施离不开教学资源的优化配置。学校应该积极拓宽体育教学的场地、设施、器材等硬件条件，为开展个性化教学提供必要的物质保障。与此同时，加强体育教师队伍建设，提升教师的专业素养和教学水平，也是十分必要的。学校可以通过教学研讨、业务培训、经验交流等途径，促进教师更新教育理念，掌握先进的教学方法，从而更好地胜任个性化教学的任务。

个性化教学的成效需要通过科学的评估机制来检验。与传统的“一刀切”评价不同，个性化教学更看重学生在原有基础上的进步和提高。因此，评价体系应该是多元的、发展的、鼓励性的。除了关注学生的体育技能，更要重视其学习态度、合作意识、创新精神等方面的表现。通过形成性评价与终结性评价相结合、教师评价与学生互评自评相结合，既肯定学生的成绩，又指出不足，激发其进一步学习的动力。

（二）灵活运用教学资源

灵活运用多元化的教学资源是为学生提供个性化学习路径的关键。在高校体育教学中，教师应充分利用各种教学资源，如体育场馆设施、运动器材、多媒体设备、网络平台等，为学生创设丰富多样的学习情境。例如，教师可以利用体育场馆开展各种类型的体育活动，如球类运动、田径运动、武术、瑜伽等，满足不同学生的兴趣爱好和运动需求。同时，教师还可以利用多媒体设备播放体育赛事视频、运动技术示范等，增强教学的直观性和吸引力。

教师还应积极开发和利用网络教学资源。在信息化时代，网络已经成为学生获取知识、进行交流的重要渠道。教师可以通过建设体育教学网站、开设在线课程、组建体育学习社区等方式，为学生提供更加便捷、灵活的学习途径。学生可以根据自己的时间安排和学习进度，随时随地访问网络教学资源，进行自主学习和探究。

在运用教学资源的过程中，教师应注重因材施教，根据学生的个体差异提供针对性的学习支持。对于运动基础较好的学生，教师可以提供更高难度的学习任务和挑战性的运动项目；对于运动能力较弱的学生，教师则要给予更多的指导和鼓励，帮助其建立运动信心，循序渐进地提高运动技能。

教师还应引导学生主动利用教学资源，培养其自主学习和应用知识的能力。例如，教师可以鼓励学生利用体育器材进行课外锻炼，指导其制订个人运动计划；又如，教师可以组织学生利用网络平台开展体育知识竞赛、运动技术交流等活动，促进其在实践中深化对所学知识的理解和运用。

第四章　高校体育教学评价体系创新

第一节　多元化评价体系的构建

一、多元化评价体系的理念

（一）全面评价的必要性

全面评价是高校体育教学评价体系构建的基本出发点和落脚点。传统的体育教学评价往往偏重对学生运动技能的考核，忽视了学生在体育学习过程中的情感体验、合作意识、创新能力等方面的提升。这种片面化的评价方式难以全面反映学生的体育学习效果，更无法满足新时代培养德智体美劳全面发展的社会主义建设者和接班人的要求。

立足学生全面发展需求构建多元化评价体系，既是深化高校体育教学改革的客观要求，也是提升体育教学质量的关键所在。全面评价应着眼于学生身心发展的方方面面，兼顾体育知识、运动技能、身体素质、心理品质等多个维度，引导学生形成正确的体育价值观和积极健康的生活方式。在评价指标的设置上，应突出发展性、综合性和个性化，关注学生在体育学习过程中的进步幅度和个体差异，鼓励其挖掘自身潜力、追求卓越表现。

构建全面评价体系需要革新传统的教学理念和评价方法。教师应树立“以学生发展为本”的教育理念，尊重学生的主体地位，关注其在体育学习中的情感体验和价值认同。在教学过程中，教师要精心设计教学内容和活动，为学生提供富有挑战性和吸引力的体育项目，激发其运动热情和探索欲望。同时，教师还应创新评价手段，采用多元化的评价方式，如教师评价、学生自评、学生互评等，引导学生主动参与评价过程中来，提高其自我管理和自我教育的能力。

全面评价的实施还离不开学校、家庭、社会等多方面的支持和配合。学校应加强体育课程建设，完善体育场地设施，为学生的体育学习创造良好的硬件条件。家长要树立正确的教育观念，摒弃“唯分数论”的片面认识，关注孩子在体育学习中的身心健康和个性发展。社会各界更应营造良好的体育文化氛围，提供多样化的体育资源和实践平台，拓宽学生的体育视野和发展空间。

建立全面评价体系是一项系统工程，需要在实践探索中不断完善和优化。高校体育工作者应立足教学实际，深入研究学生的成长规律和时代特点，创新教学模式和评价机制，构建科学合理、简便可行的全面评价指标体系。只有不断深化体育教学评价改革，才能真正实现以评价促教学、以评价促发展，不断提升学生的体质健康水平和综合素质，培养德智体美劳全面发展的时代新人。

（二）个性化评价的价值

个性化评价是尊重学生差异、促进学生特长发展的重要途径。在高校体育教学中，每个学生都是独特的个体，他们在体育天赋、运动能力、兴趣爱好等方面存在着显著差异。传统的体育评价模式往往以统一的标准来衡量所有学生，忽视了学生的个体特点，难以全面、客观地评价学生的体育学习状况。这不仅容易挫伤学生的自信心和学习热情，更无法有效指导学生发掘自身潜能、发展个性特长。

个性化评价以学生的个体差异为基础，针对不同学生采取不同的评价标准和方式。对于体育基础较好的学生，评价应着眼于引导其挑战更高难度的学习目标，鼓励其在擅长的领域不断深化和拓展；对于体育基础较弱的学生，评价应着重于肯定其进步和努力，帮助其树立信心，找到适合自身的运动项目和提升路径。个性化评价还应关注学生在体育学习过程中表现出的态度、情感等非智力因素，引导其树立正确的体育价值观，培养良好的运动习惯和意志品质。

个性化评价的实施需要建立在教师对学生全面了解的基础之上。教师要深入分析每个学生的体育学习特点，掌握其优势所在和潜力领域，针对性地制订个性化的评价方案。同时，个性化评价也离不开学生的参与和反馈。教师应引导学生主动参与到评价过程中来，鼓励其进行自我评估和互评，增强评价的互动性和生成性。学生通过评价能够及时了解自身的优势和不足，调整学习策略，找到最适合自己的发展路径。

个性化评价是发展性评价理念在体育教学领域的重要体现。它从“以教材为中心”转向“以学生为中心”，从关注学生的共性发展转向关注学生的个性成长。通过个性化评价，学生在原有的运动技能、体能水平基础上得到充分发展，特长和潜能得以挖掘和培养，体育综合素养和健康行为习惯逐步形成，为其终身体育发展奠定了扎实的基础。

（三）终身教育的视角

终身体育对于培养学生的健康意识和运动习惯具有重要意义。高校体育教学不应局限于短暂的在校期间，而应着眼于学生一生的体育发展需求。因此，建立对学生终身体育发展有益的评价体系已成为体育教学改革的重要内容。

传统的体育教学评价偏重运动技能的掌握程度和体育考试成绩，忽视了学生体育意识、运动习惯等长期发展要素的考核。这种评价方式难以激发学生的运动兴趣，无法为其终身体育发展奠定基础。为了扭转这一局面，体育教学评价体系应更加关注学生的体育认知、运动习惯养成、社会适应能力等方面。

具体而言，在体育认知方面，评价体系应考查学生对体育运动意义的认识、对健康生活方式的理解程度等。通过设置相关理论考核内容，引导学生树立终身体育意识。在运动习惯养成方面，评价体系应重视学生课外体育锻炼的频率、运动项目的选择倾向等，通过连续记录的方式评估其运动行为的稳定性和持久性。在社会适应能力方面，评价体系应将体育道德、合作意识、体育文化素养等纳入考核范畴，引导学生形成良好的体育品格，提升其社会适应力。

构建有利于学生终身体育发展的评价体系，需要体育教学理念的更新和评价方法的创新。一方面，教师应树立“健康第一”的指导思想，将促进学生终身体育发展作为教学的出发点和落脚点；另一方面，学校应积极运用现代信息技术手段，建立动态的、过程性的评价方式，全面收集学生在体育学习各环节的表现数据，形成完整的体育发展档案，为其终身体育发展提供参考。

高校还应加强与社会体育资源的衔接，为学生营造良好的校外体育环境。通过与体育社团、健身俱乐部等机构合作，为学生提供丰富多样的运动项目选择，拓展其体育视野。同时，鼓励学生参与体育志愿服务、体育赛事组织等社会实践活动，在服务他人的过程中提升自身的体育素养。

二、多元化评价体系的构建原则

（一）客观公正原则

客观公正是多元化评价体系构建的首要原则。它要求评价过程和结果应基于事实和证据，不受个人偏见、先入为主的观念或外部压力的影响。只有坚持客观公正，评价结果才能真实反映学生的实际水平，为教学改进提供可靠依据。

为确保评价的客观公正，需要从评价主体、评价内容、评价方法等多个维度入手。就评价主体而言，应当采取多元评价的模式，综合考虑教师、学生自评、同伴互评等不同主体的意见，避免单一视角带来的局限性。通过多元主体的参与，可以有效克服个人偏差，形成更加全面、立体的评价。

在评价内容上，应当根据体育课程的目标和特点，科学设置评价指标。这些指标应覆盖学生在体育学习中的知识、技能、态度等各个方面，既要重视结果，又要关注过程。同时，指标的设置还要兼顾可操作性和可测量性，确保评价过程中有明确的依据可循。

评价方法的选择也至关重要。传统的体育评价往往以标准化的测试为主，如速度、力量等指标的测定。这种方法虽然便于实施和量化，但难以全面反映学生的发展情况。因此，需要引入多样化的评价手段，如课堂观察、运动日志、视频分析等，从不同角度收集学生表现的信息，增强评价的针对性和准确性。

客观公正的评价离不开科学规范的实施流程。评价方案的制订应当经过充分论证，明确各项指标的内涵、等级划分和分值权重。在实施过程中，要严格遵循方案的要求，规范操作程序，确保每个学生都能获得公平的评价机会。评价结果的运用也要慎重，既要为教师的教学决策提供参考，也要注重保护学生的隐私，避免对其产生负面影响。

(二) 发展性原则

发展性原则强调评价应服务于学生体育技能和健康习惯的培养，而不仅仅是对学习结果的简单判断。这一原则要求高校体育教学评价体系的设计必须立足于学生的长远发展，关注学生在体育学习过程中的进步和变化，激励学生不断提升自我、超越自我。

具体而言，发展性评价应该关注学生在体育技能、运动能力、身体素质等方面的动态变化。教师应该通过前后测试、过程记录等方式，客观地评估学生在不同阶段的进步情况，并给予积极的反馈和鼓励。这种评价方式能够帮助学生认识到自己的优势和不足，建立自信心和成就感，从而激发其继续努力的内在动力。

发展性评价还应该重视学生健康行为习惯的养成。体育教学的最终目的是促进学生的身心健康，培养其终身体育锻炼的意识和能力。因此，评价体系应该包含学生日常体育锻炼、运动安全意识、体育道德品质等方面的内容，引导学生形成科学、文明、有益身心的行为方式。教师可以通过随堂观察、课后访谈等形式，了解学生在这些方面的表现，并给予针对性的指导和帮助。

发展性评价还强调学生的主体地位和个性化需求。每个学生的身体条件、运动基础、兴趣爱好都存在差异，因此评价体系应该具有一定的灵活性和多样性，为不同学生提供适合自身特点的评价标准和方式。教师应该尊重学生的个体差异，因材施教，帮助其找到最适合自己的体育学习和发展路径。

发展性原则的贯彻实施对于构建科学、有效的高校体育教学评价体系具有重要意义。它突破了传统评价模式的局限性，将评价的重点从结果转移到过程，从静态转移到动态，充分体现了以人为本、全面发展的教育理念。通过发展性评价，学生能够更加全面、客观地认识自己在体育学习中的表现和进步，增强学习的积极性和主动性，逐步形成健康的生活方式和运动习惯。从长远来看，这种评价方式有利于学生身心健康水平的提升，为其终身发展奠定良好基础。

（三）教学相长原则

教学相长原则强调教学活动中教师与学生之间的互动和互惠关系，这一原则对于优化高校体育教学方法具有重要指导意义。在构建多元化的体育教学评价体系时，必须充分考虑教学相长原则的要求，通过评价促进教与学的共同提升。

具体而言，教学相长原则要求体育教学评价不仅要关注学生的学习效果，更要重视教师的教学改进。评价体系的设计应有利于教师深入反思自身的教学实践，及时发现和解决教学中存在的问题，不断更新教学理念，改进教学方法和手段。例如，可以将学生对教师教学的评价纳入评价指标体系，引导教师根据学生的反馈调整教学策略；又如，可以通过教学督导、同行评议等方式，为教师提供多角度的教学反馈，帮助其查找教学不足，提升教学水平。

教学相长原则还强调学生在评价过程中的主体地位和积极作用。评价不应是自上而下的单向过程，而应鼓励学生参与到评价活动中来，发挥其自评、互评的作用。这不仅有助于培养学生的自主意识和责任意识，提高其参与教学的积极性，更能使评价结果更加全面、客观、准确。例如，可以引导学生开展自我评价，总结自身在体育学习中的收获和不足；开展小组互评，在相互评价的过程中达成共识，形成合力；参与教师评教，反馈对教师教学的意见和建议。

教学相长原则还要求评价过程应该是一个师生共同成长、共同进步的过程。评价不应成为一种外在的强制和压力，而应该营造一种开放、包容、民主的氛围，成为师生之间平等交流、相互启发的契机。在这一过程中，教师和学生通过评价建立起良性互动，教学相长，共同提升。教师在评价中及时发现问题，改进教学，学生通过评价增强参与意识，主动学习，从而实现教学质量的整体提升。

三、多元化评价体系的内容与指标

（一）知识与技能指标

知识与技能指标是多元化评价体系中一项重要的内容，它旨在全面评估学生在体育理论知识掌握和运动技能水平方面的表现。在高校体育教学中，知识与技能的评价不仅关注学生对体育与健康知识的理解和内化程度，更注重学生将这些知识转化为实际运动能力的过程和结果。

从知识层面来看，评价指标应涵盖体育学科的基本概念、原理、规律等内容，考查学生对人体解剖、运动生理、体育保健等方面知识的掌握情况。同时，评价还应关注学生对不同运动项目的技战术、裁判规则、竞赛组织等专项知识的理解和运用能力。通过多样化的评价方式，如笔试、口试、情境模拟等，可以全面衡量学生体育理论知识的广度和深度。

从技能层面来看，评价指标应紧密结合高校体育课程开设的具体项目，科学设置运动技能等级标准。以篮球运动为例，评价指标可以包括行进间运球、传接球、投篮等基本技术动作的规范性和熟练程度，以及在比赛中的战术执行力、临场应变能力等。通过将定性评价与定量测试相结合，可以客观反映学生运动技能的形成和提高过程。

值得注意的是，知识与技能指标的评价不应局限于结果导向，更要关注过程性评价。教师应针对每个学生的体质特点和运动基础，制订个性化的学习目标和评价标准。在教学过程中，教师要充分利用互联网、大数据等信息技术手段，动态记录和分析学生的体育学习行为和运动参与情况，实现评价的常态化和智能化。同时，评价还应引导学生开展自评和互评，提高其自主学习和反思总结的能力。

知识与技能指标的评价还应与其他评价指标相互补充、相互印证。例如，将体质健康指标与运动技能指标相结合，可以分析学生体质状况对其运动表现的影响；将心理素质指标与理论知识指标相结合，可以考查学生在对抗和竞争环境下的心理调节能力。唯有建立起科学、完善的指标体系，才能真正实现多元化评价的功能和价值。

（二）体质与健康指标

体质与健康是高校体育教学评价的重要指标，也是衡量学生身心健康水平的关键要素。学生的身体素质直接影响其学习和生活质量，因此必须引起高度重视。在构建多元化评价体系时，应将体质与健康指标纳入其中，全面评估学生的身体机能、体能水平和健康状况，为促进学生全面发展提供科学依据。

具体而言，评估学生体质与健康水平需要从多个维度入手。首先，要通过体质测试了解学生的身体机能，包括心肺功能、柔韧性、力量、速度等方面。这些指标能够全面反映学生的身体素质，为科学制订体育教学计划提供参考。其次，要评估学生的体能水平，即身体在运动过程中的适应能力。这需要通过一系列体能测试来实现，如耐力跑、俯卧撑、仰卧起坐等项目。这些测试不仅能够检验学生的身体素质，还能培养其挑战自我、坚持不懈的意志品质。最后，还要关注学生的健康状况，包括体重指数、血压、视力等指标。这些指标虽然不直接反映体育运动能力，但却关乎学生的身心健康，必须予以重视。

在实施体质与健康评估时，要注意采取科学、规范的方法。评估过程应严格遵循相关标准和规程，确保数据的准确性和可比性。同时，评估结果不应简单化为分数或等级，而应从发展的视角加以分析和利用。教师要根据评估结果，因材施教，针对性地调整教学内容和方法，帮助学生提升体质与健康水平。

（三）心理素质与社交能力指标

心理素质与社交能力是高校体育教学评价体系中不可或缺的重要指标。在现代社会，个人的身心健康和人际交往能力已经成为衡量人才质量的关键因素。高校体育不仅要关注学生的身体素质，更要重视其心理健康水平和社会适应能力的提升。通过科学设置心理素质与社交能力指标，可以更全面、更深入地评估体育教学的育人效果。

从心理素质来看，体育锻炼对于缓解学习压力、调节情绪状态具有独特优势。在运动过程中，学生能够感受到身心的放松和愉悦，焦虑、抑郁等负面情绪得到有效缓解。同时，体育活动还能够培养学生的意志品质，如顽强拼搏、永不言弃的体育精神，这种宝贵的心理品质将伴随学生终身。因此，在体育教学评价中，应该重点考察学生的心理调适能力、抗挫折能力、自信心等心理素质指标，引导学生形成乐观、坚韧的心理品质。

从社交能力来看，体育活动为学生提供了广阔的社交平台。在体育课堂、运动社团、校园赛事中，学生需要与他人密切配合，开展团队协作，学会换位思考和有效沟通。这一过程不仅能够拓展学生的交际圈，还能提升其人际交往能力，培养其团队意识和集体荣誉感。因此，在体育教学评价中，应该设置团队协作、沟通表达、组织领导等社交能力指标，考察学生在体育活动中的社交表现，引导其掌握基本的社交技能。

构建科学、完善的心理素质与社交能力指标体系，需要体育教师与心理学、社会学等相关学科的专家密切合作。一方面，体育教师要深入研究学生的心理特点和社交需求，根据体育项目的特点设计针对性的教学内容和评价标准；另一方面，要积极借鉴心理学、社会学的理论成果，将心理测试、社交技能训练等融入体育教学评价中。只有建立起多学科协同的工作机制，才能不断完善心理素质与社交能力指标，提升体育教学评价的科学性和有效性。

四、多元化评价体系的具体实施

（一）评价体系的搭建流程

评价体系搭建是高校体育教学多元化评价体系构建的关键环节，它直接决定了评价的科学性、可操作性和实效性。搭建一个科学、完善的评价体系需要遵循一定的流程和步骤，需要教师、管理者、学生等多方参与，需要理论指导与实践经验的有机结合。

搭建评价体系要厘清评价理念。评价理念是评价体系的灵魂，它决定了评价的目的、内容、方式等各个方面。高校体育教学评价应树立以促进学生全面发展为根本，以提高教学质量为中心的评价理念。这一理念要求评价不仅要关注学生的体育知识和技能，更要关注其情感态度、社会适应等非智力因素的发展。它强调评价要回归教学本质，要真正服务于教与学的改进。只有树立正确的评价理念，才能保证评价体系建设的正确方向。

搭建评价体系要明晰评价目标。评价目标是评价活动的出发点和归宿点，它规定了评价的重点和难点。高校体育教学评价目标应紧紧围绕培养体育核心素养展开。这就要求评价目标既要关注学生运动能力、健康行为等显性目标，又要关注学生意志品质、合作意识等隐性目标。评价目标还应具有针对性和可达性，要根据不同年级、不同专业学生的特点进行合理设置，避免好高骛远或过于空泛。只有明确评价目标，才能为评价体系搭建提供可操作的依据。

搭建评价体系要遴选评价内容。评价内容是评价体系的核心要素，它决定了收集什么样的信息、采取什么样的方式。遴选评价内容要坚持全面性与重点性相结合。一方面，评价内容要覆盖体育教学的各个环节，包括课堂教学、课外锻炼、竞赛表演等，还要涵盖体育与健康的重要目标，包括运动参与、体质健康、心理健康等。另一方面，评价内容又要突出重点，要聚焦学生的学习过程和关键能力，要体现学校办学特色和人才培养要求。遴选评价内容还要坚持科学性和可行性相统一，要以科学研究为依托，又要考虑具体的校情、生情，不能脱离教学实际。

搭建评价体系要开发评价工具。评价工具是评价信息收集的重要载体，它在很大程度上决定了评价信息的真实性和准确性。开发评价工具要做到形式多样、内容翔实。在形式上，既要有观察、提问、测验等常规手段，又要有调查问卷、学习档案、成果展示等新颖方式。在内容上，评价工具要紧紧对应评价目标和评价内容，做到重点突出、逻辑严密。开发评价工具还要重视信效度检验，通过专家评审、小范围测试等方式，不断修订完善评价工具，以提高其科学性和准确性。高质量的评价工具是高质量评价的前提和基础。

（二）评价结果的应用

在多元化评价体系中，评价结果的应用是一个关键环节，它直接关系到评价的针对性和实效性。通过科学分析和应用评价数据，不仅能够全面了解学生的体育学习状况，发现其优势和不足，还能为教学改进提供精准、有力的依据，推动高校体育教学的持续优化。

利用多元化评价获得的数据，教师可以深入分析学生在体育知识、运动技能、身体素质等方面的表现，准确把握每个学生的个性特点和发展需求。在此基础上，教师可以有的放矢地调整教学内容和方式，因材施教，最大限度地促进每个学生的进步与成长。例如，对于体育理论知识掌握较好但实践能力较弱的学生，教师可以增加技能训练的比重；对于身体素质突出但团队意识有待加强的学生，教师则可以通过小组合作项目来提升其协作能力。这种针对性的教学设计，能够帮助学生克服短板，发挥优势，实现个性化发展。

运用评价结果不仅能优化教与学的过程，还能促进体育教学管理的科学化、精细化。通过系统梳理、科学分析评价数据，教学管理者能够洞察教学中的突出问题，发现影响教学质量的关键因素。这为体育教学改革提供了可靠依据和明确方向。管理者可以在宏观层面统筹规划、合理配置教学资源，在微观层面指导教师优化教学设计、创新教学方法。同时，管理者还可以建立健全的教学质量监测和反馈机制，通过持续追踪评价数据的变化，动态掌控教学状况，及时发现并解决新出现的问题，实现体育教学质量的常态化监管和持续改进。

多元化评价结果的应用还有助于营造良性的教学生态。一方面，客观、全面的评价结果能够引导学生正确认识自我，明确奋斗目标，增强体育学习的自信心和主动性。当学生意识到自己的不足之处时，则更容易虚心接受教师的指导和帮助。另一方面，评价数据的公开透明，能够促进教师之间的相互学习和教学研讨。优秀教师的成功经验可以在同行中推广，共同提升，形成教学相长、比学赶超的生动局面。

（三）评价体系的持续优化

一个完善且富有前瞻性的高校体育教学评价体系需要与时俱进，不断进行自我优化和调整，以适应不断变化的教学环境和学生需求。这一过程需要建立在评价数据的持续收集和分析基础之上，通过评价反馈不断发现问题，改进方法，提升评价的科学性和有效性。

评价体系的持续优化首先需要构建完善的评价数据收集机制。通过多渠道、多维度地收集来自教师、学生、管理者等各方主体的评价数据，可以全面、客观地反映教学过程的实际情况。这些数据包括但不限于教学计划执行情况、学生学习效果、课堂互动质量、学生满意度等，既有定量的数字统计，也有定性的文字描述。数据收集应做到全面覆盖、及时更新，为后续的数据分析提供充足的原始材料。

在数据收集的基础上，还需要运用科学的方法对数据进行深入挖掘和分析。现代信息技术的发展为数据分析提供了强大的工具支撑。通过数据可视化、数理统计、机器学习等技术手段，可以从庞杂的数据中提炼出有价值的信息，揭示隐藏在表象之下的规律和趋势。例如，对学生体质健康测试数据进行聚类分析，可以发现学生体质的典型特征和分布规律；对教学评价问卷数据进行情感分析，可以洞察学生对教学的真实感受和需求。数据分析不仅可以帮助诊断问题，还能预测未来，为教学改进提供科学依据。

评价优化的关键在于将数据分析结果转化为实际行动。量化的分析结果需要可视化地呈现给决策者，以直观、易懂的方式揭示教学中的突出问题和薄弱环节。在此基础上，管理者和一线教师需要深入讨论、研判，形成切实可行的整改措施。这些措施可能涉及教学内容的更新、教学方法的创新、考核方式的改进等各个方面。改进的成效需要通过后续的评价来验证，形成评价优化的闭环。

评价体系的持续优化还需要与外部环境保持互动。学校需要密切关注体育教育领域的前沿动态和最新研究成果，借鉴先进经验，与时俱进地更新评价理念和评价标准。同时，还要主动收集毕业生和用人单位的反馈意见，了解学生的职业发展需求，调整评价重心。只有紧跟时代步伐，与社会需求同频共振，评价体系才能始终保持旺盛的生命力。

第二节　过程性评价与终结性评价的结合

一、过程性评价与终结性评价的概念

（一）过程性评价的定义及其在体育教学中的应用

过程性评价是指在教学过程中，通过多种方式持续、动态地收集学生学习信息，并及时给予反馈和指导，以促进学生学习和教师教学的评价活动。与传统的终结性评价相比，过程性评价更加注重评价的连续性和发展性，关注学生学习过程中的进步和变化。在体育教学中，引入过程性评价具有重要意义。

过程性评价有助于全面评估学生的体育学习状况。体育学科不仅要求学生掌握运动技能，更注重培养学生的身体素质、运动习惯和体育道德。过程性评价通过对学生课堂表现、课后练习、体育态度等进行多维度、多层次的考察，能够较为完整地反映学生的体育学习情况，为教师的教学决策提供可靠依据。

过程性评价能够激发学生体育学习的内在动机。相比分数等外部激励，过程性评价更加重视学生的主观感受和个性化发展。通过自评、互评等多元评价方式，学生能够深入参与到评价过程中，增强自我效能感和学习主动性。教师对学生进步的肯定和鼓励，也能够维持其体育学习的兴趣和热情。

过程性评价为教师优化体育教学提供了依据。通过收集和分析学生在体育学习过程中的表现数据，教师能够及时发现教学中的问题，并据此调整教学内容、改进教学方法。过程性评价产生的即时反馈，使得教师能够根据学生的实际学习情况，进行针对性的个别指导，提高教学的有效性。

过程性评价有利于构建和谐的师生关系。在过程性评价中，教师不再是简单的评判者，而是学生学习的引导者和促进者。评价不再是学期末的“一锤定音”，而是贯穿于教学全过程的互动与交流。这种评价方式有助于营造平等、友善的课堂氛围，增进师生间的理解与信任。

（二）终结性评价的界定与在教学评价中的作用

终结性评价作为教学评价的重要组成部分，在高校体育教学中发挥着关键作用。它通过对学生在一个学习阶段结束时的学习效果进行全面考察，评定学生对体育知识、技能的掌握程度和运动能力的提高情况，以判断教学目标的达成度。与过程性评价相比，终结性评价更加注重学习结果，强调对学生学习成果的总结和测评。

在高校体育教学中，终结性评价主要关注两个方面：一是学生对体育与健康知识的理解和掌握；二是学生体育运动技能的形成和提高。对于知识层面的评价，教师通常采用笔试、口试等方式，考查学生对体育基本概念、原理、规律的掌握情况，以及运用这些知识分析、解决问题的能力。这不仅能够检验学生的知识储备，更能反映其逻辑思维、语言表达等综合素质的发展水平。而在技能层面，教师则通过设置规范化的测试项目，如立定跳远、引体向上、1000米跑等，客观评定学生的运动能力和技术水平。这些指标性的测评结果既是对学生学习效果的检验，也是教师教学工作成效的重要体现。

从育人角度来看，终结性评价对于引导学生重视体育学习、提高学习自觉性具有积极意义。一方面，期末考试等终结性评价方式能够激发学生的学习动机，使其在平时的学习过程中更加刻苦和专注，为考试做充分准备；另一方面，客观公正的评价结果也是对学生学习效果的肯定和鼓励，有助于增强其学习信心和成就感。同时，通过终结性评价，教师还可以发现学生在学习中存在的共性问题，有针对性地调整教学策略和方法，不断提升教学质量。

二、过程性评价的实施方法

（一）设计合理的过程性评价指标体系

设计合理的过程性评价指标体系是实施过程性评价的关键。传统的体育教学评价往往偏重结果性评价，忽视了学生学习过程中的表现和进步。这种评价方式难以全面、客观地反映学生的实际学习状况，也无法为教师优化教学提供有效反馈。为了克服这一不足，教师必须转变评价理念，科学设计过程性评价指标体系，将学生的学习过程和学习结果有机结合起来，实现评价的全面性和系统性。

过程性评价指标体系应该包括学生在体育学习过程中的多个方面，如课堂参与度、学习态度、运动技能、身体素质、健康行为等。这些指标应该具有明确的内涵界定和可测量的行为表现，便于教师进行客观评估。同时，不同指标之间应该相互关联、相互补充，构成一个有机整体。例如，学生的课堂参与度可以从出勤率、课堂互动、练习积极性等方面来评定；运动技能可以通过标准动作的掌握程度、完成质量等来考察；健康行为可以从日常体育锻炼的习惯养成、体育健康知识的应用等方面来评判。

在设计过程性评价指标体系时，教师还应该考虑不同学生的个体差异和发展需求。针对不同体育基础、不同学习特点的学生，评价指标的侧重点也有所不同。对于体育基础较差的学生，评价可以更加关注其学习态度和进步幅度；对于体育特长生，评价则可以适当提高运动技能和创新能力的比重。评价指标体系还应该为学生的个性发展留有空间，鼓励学生根据自身兴趣爱好和专长特点，选择性地参与某些体育项目的学习和训练，在过程性评价中得到相应的认可和激励。

构建科学的过程性评价指标体系，还需要与终结性评价相互配合、形成合力。一方面，过程性评价为终结性评价提供了重要依据，教师可以根据学生平时的表现和过程性评价结果，对其进行综合评定；另一方面，终结性评价又能够检验过程性评价的效果，为完善过程性评价指标体系提供反馈和改进方向。比如，通过期末体育考试成绩的分析，教师可以发现学生在某些方面存在共性问题，从而有针对性地调整过程性评价的内容和方式。

（二）创新过程性评价的记录和反馈方式

创新过程性评价的记录和反馈方式是高校体育教学评价改革的关键举措。传统的体育教学评价主要依据期末考试，难以全面反映学生的学习过程和进步情况。这种评价模式不仅无法及时发现和解决学生在学习中遇到的问题，也难以激发学生的学习兴趣和主动性。因此，深化体育教学评价改革，创新过程性评价的记录和反馈方式，对于提升体育教学质量、促进学生全面发展具有重要意义。

构建多元化的过程性评价记录体系是创新评价方式的基础。教师应充分利用信息技术手段，设计科学、便捷的评价记录工具，如电子学习档案袋、在线学习平台等。通过这些工具，教师能够系统地记录学生在体育学习过程中的表现，包括课堂参与度、运动技能掌握情况、身体素质提升等。同时，学生也可以通过自评、互评等方式参与到评价过程中，增强其自主学习意识和反思能力。多元化的评价记录不仅能够为教师提供全面、客观的评价依据，也能帮助学生及时了解自己的学习状况，调整学习策略。

建立及时、有效的反馈机制是提高过程性评价质量的关键。教师应根据评价记录，定期向学生提供个性化、建设性的反馈意见。这种反馈不应局限于简单的评价结果，更要注重对学生学习过程的指导和启发。例如，教师可以针对学生在运动技能学习中遇到的困难，提出具体的改进建议；又如，教师可以根据学生的身体素质变化，制订个性化的锻炼计划。及时、有效的反馈能够帮助学生明确学习目标，调动学习积极性，不断改进学习方法，最终实现自主学习、自我发展。

创新过程性评价的记录和反馈方式还需要注重师生之间、生生之间的互动与交流。在评价过程中，教师应积极倾听学生的意见和建议，鼓励学生表达自己的想法，营造民主、平等的教学氛围。学生也应主动与教师沟通，反映自己在学习中遇到的问题和困惑。教师还可以组织学生开展小组合作学习、主题讨论等活动，促进生生之间的交流互动。在这种互动与交流中，师生、生生之间能够建立起良性的反馈机制，共同推进体育教学评价的改革与创新。

过程性评价的记录和反馈是一个动态、循环的过程。教师应根据评价结果，不断调整教学内容和方法，优化教学设计，提高教学针对性和实效性。同时，学生也应根据反馈意见，及时调整学习策略，改进学习方法，提升学习效果。只有在教与学的良性互动中，不断创新评价方式，完善评价机制，才能真正发挥过程性评价的导向和激励作用，推动高校体育教学的改革与发展。

三、终结性评价的内容与形式

（一）终结性评价的关注焦点

终结性评价作为高校体育教学评价体系中的重要组成部分，其关注焦点直接决定了评价的导向和质量。在传统的体育教学评价中，终结性评价往往过于强调学生的运动技能和体能指标，忽视了体育与健康知识的掌握以及运动习惯的养成。这种片面化的评价方式不仅难以全面反映学生的体育学习成果，更无法有效激发学生的运动兴趣和参与热情。因此，优化终结性评价内容，突出其对学生体育技能和知识水平的综合考查，已经成为深化体育教学改革的必然要求。

学生体育技能的形成和提升是体育教学的核心目标之一。在终结性评价中，教师应当采取灵活多样的方式，全面考查学生的运动技术水平。一方面，可以通过现场测试的形式，让学生展示所学体育项目的基本动作和完成质量；另一方面，还可以设置开放性的练习任务，考查学生灵活运用技术的能力。例如，在足球专项课程的终结性评价中，教师不仅要测试学生传球、运球、射门等基本技术的标准程度，还可以组织分组对抗赛，观察学生在实战情境下的技术应用表现。通过对这两个维度的综合考量，教师能够更加全面、客观地评判学生的运动技能水平。

除了运动技能之外，学生体育与健康知识水平的提升也应该成为终结性评价的重点。体育知识和健康意识是学生主动参与体育锻炼、养成良好行为习惯的基础。因此，在终结性评价中，教师应当将知识测试与能力考查相结合，引导学生建立起完善的知识架构。一方面，可以通过笔试或问卷调查的形式，系统考查学生对体育运动的基本原理、锻炼方法、保健常识等内容的掌握；另一方面，还可以设置情境分析题或案例讨论题，考查学生分析问题、解决问题的能力。例如，在体育保健课程的终结性评价中，教师可以设计“运动处方”的情境任务，要求学生根据特定人群的身体状况提出个性化的运动建议。通过对体育知识和分析应用能力的双重考查，可以更加准确地评估学生的健康素养。

高质量的终结性评价离不开科学完善的评价指标体系。为了突出对学生体育技能和知识水平的全面考查，教师应当制订多维度、可测量的评价指标，并在评价过程中灵活运用。一方面，要根据体育课程的性质和目标，设置运动技能、战术意识、身体素质等方面的考核指标；另一方面，要关注学生的学习态度、合作意识、创新能力等关键能力要素。同时，在制订评价标准时，教师要充分考虑学生的个体差异，建立多元化的评价等级，鼓励学生在原有基础上不断进步。只有建立科学规范的指标体系，终结性评价才能真正成为引导学生自主学习、促进学生全面发展的有力抓手。

（二）终结性评价的多样化形式

在高校体育教学评价体系中，终结性评价是对学生一个学期或学年体育学习效果的总结性评定。它通常采用书面考试、技能测试与实践表现相结合的多样化形式，全面考查学生在体育知识、运动技能和身体素质等方面的发展水平。

书面考试是终结性评价的重要组成部分，主要考查学生对体育理论知识的掌握程度。通过客观题、主观题等不同题型的设计，可以系统评估学生对体育基本概念、原理、方法的理解和运用能力。同时，书面考试还能够引导学生重视体育知识的学习，加深对体育价值的认识，为终身体育锻炼奠定理论基础。

技能测试则侧重于评价学生体育运动技能的掌握情况。通过标准化的测试项目和评分标准，教师可以客观、准确地评估学生在不同体育项目上的技术水平。这不仅有助于学生查漏补缺，改进运动技术，更能激发其运动兴趣，提升运动自信。值得注意的是，技能测试应突出过程性评价，重视学生技能形成和提高的全过程，而不是仅仅关注最终的测试结果。

实践表现是终结性评价不可或缺的内容，它强调对学生体育实践能力的考查。通过组织体育竞赛、体育表演等实践活动，可以全面评价学生的运动能力、合作意识、组织协调能力等。这种评价方式更加贴近体育教学的实际，能够真实反映学生的体育综合素养。同时，将实践表现纳入终结性评价，也有利于改变学生重理论、轻实践的学习倾向，促进其在实践中感悟体育的魅力。

书面考试、技能测试与实践表现这三种终结性评价形式并非相互孤立，而是应该有机结合、相互补充。只有建立多元化的评价体系，才能全面、客观地评估学生的体育学习效果。终结性评价的设计还应该体现差异性和发展性原则。教师应根据学生的个体差异，设置不同难度的评价内容和标准，给予每个学生充分展示自我的机会。同时，评价不应局限于学生的现有水平，更要关注其进步和发展，以鼓励学生持续努力、不断超越。

四、过程性评价与终结性评价的互补性

（一）评价内容的互补

评价内容的互补体现在知识掌握与能力培养的双重关注上。高校体育教学评价不应局限于学生对体育知识的理解和掌握程度，更要关注他们在体育技能、

身体素质、心理品质等方面的提升。只有全面评估学生在体育学习中的收获，才能真正把握教学效果，推动教学工作的优化与改进。

从知识层面来看，高校体育教学评价需要考查学生对体育学科基本概念、原理、规律的理解，以及运动技战术、裁判规则、体育保健等方面知识的掌握。通过多元化的评价方式，如理论考试、技能测试、实践操作等，教师可以全面了解学生的知识储备，及时发现和弥补其中的不足。同时，评价过程本身也是巩固和深化学生体育知识的重要途径。在备考和考试的过程中，学生需要系统梳理和回顾所学内容，加深对重点知识的理解和记忆，构建起完整的知识架构。

从能力层面来看，高校体育教学评价要着眼于学生综合素质的提升，重点考查其身体素质、运动技能、心理品质等关键要素。在评价过程中，教师不仅要关注学生完成体育动作的准确性、规范性，更要注重其灵活运用能力、实战应变能力的培养。例如，在篮球运动技能测试中，教师可以设置一些开放性的情境，如快速传切配合、攻防转换等，考查学生在复杂环境下的临场反应和决策能力。又如，在长跑耐力测试中，教师不仅要记录学生的完成时间，更要观察其跑姿、呼吸节奏等细节，评估其掌握科学跑步方法的情况。

知识掌握与能力培养是相辅相成、缺一不可的。扎实的知识基础是能力形成的前提，而能力的提升又有助于知识的巩固和灵活运用。因此，高校体育教学评价必须兼顾两个维度，既要考查学生对体育知识的掌握程度，又要全面评估其在体育实践中的能力表现。只有建立起科学合理的评价指标体系，运用多元化的评价方法和手段，才能真正实现“以评促教、以评促学”，推动高校体育教学质量的不断提升。

过程性评价与终结性评价相结合，有助于实现知识与能力评价的互补。过程性评价贯穿于教学全过程，通过连续观察记录学生的学习表现，动态反映其知识、技能、情感态度等方面的发展变化。这种即时性、连续性的评价方式，有利于教师及时掌握学生的学习状态，调整教学策略，因材施教。与之相对，终结性评价侧重于学期末或阶段末的总结性考查，全面评估学生一段时间内的学习效果。将二者有机结合，形成全方位、多角度的评价机制，才能更加准确、客观地反映学生的体育学习成果，为教学工作提供可靠依据。

（二）评价时机的互补

评价时机的互补性体现在过程性评价与终结性评价的有机结合。过程性评价贯穿于整个教学过程，通过持续、动态地记录和反馈学生的学习表现，全面评估其知识、能力、情感等方面的发展变化。这种实时性的评价方式能够及时发现学生学习中的问题，为教师调整教学策略、优化教学设计提供依据。同时，过程性评价还能激发学生的学习动机，帮助其树立学习自信，养成良好的学习习惯。

相较而言，终结性评价则着眼于学习结果，侧重评估学生在某一学习阶段所达成的学习目标。通过期中考试、期末考试、技能测试等多种形式，终结性评价对学生一段时间内的学习成效进行系统、全面的总结和评判。这种阶段性的评价有利于学生对已学知识进行梳理和巩固，加深对所学内容的理解和掌握。同时，终结性评价的结果也是衡量教学质量、反思教学得失的重要依据。

将过程性评价与终结性评价相结合，能够有效弥补单一评价方式的不足。一方面，过程性评价的动态性、连续性能够避免学生在终结性评价前突击迎考的应试倾向，引导学生系统、持久地学习；另一方面，终结性评价的标准化、系统性可以弥补过程性评价的主观性，提高评价的科学性和可比性。

具体来说，过程性评价与终结性评价的结合可以体现在以下几个方面：评价内容的互补、评价目的的互补、评价主体的互补。评价内容上，过程性评价关注学生在知识、能力、态度等方面的发展变化，而终结性评价则侧重对学习结果的考查，两者相辅相成。评价目的上，过程性评价旨在及时反馈信息、改进教学，终结性评价则侧重于总结成绩、选拔人才，两者共同服务于人才培养目标。评价主体上，过程性评价注重学生自我评价、同伴互评，凸显评价的主体多元化，而终结性评价则强调教师评价的权威性和专业性，确保评价的公平公正。

第三节　学生自我评价与同伴评价的引入

一、学生自我评价的意义

（一）提升自主学习能力

自我评价是培养学生自主学习能力的重要途径。它要求学生主动参与学习过程，成为学习的主人。在自我评价中，学生需要反思自己的学习目标、学习方法和学习效果，找出存在的问题，并积极寻求改进的方法。这一过程不仅能够提高学生的元认知能力，更能激发其内在学习动机，养成自主学习的习惯。

具体而言，自我评价首先能够帮助学生明确学习目标。在制订自我评价标准时，学生需要对照课程要求，思考自己应该达到怎样的学习效果。这一思考过程本身就是对学习目标的内化和深化。一旦学生确立了明确的目标，就会更加主动地投入到学习中，并持之以恒地努力。

自我评价有助于学生优化学习策略。通过评估自己在学习过程中的表现，学生能够及时发现学习方法上的不足，如学习计划不够合理、时间管理效率低下、学习技巧运用不当等。在教师的指导下，学生可以探索更加高效、更加适合自己的学习策略，从而不断提高学习效率和学习质量。

自我评价还能促进学生反思学习效果。在评价自己的学习成果时，学生不仅要关注知识的掌握程度，更要注重能力的提升和情感态度的变化。这种多维度的反思有助于学生全面认识自己的学习状况，既看到进步和成绩，也直面不足和问题。在肯定成绩的同时，学生会主动寻求改进的途径，形成良性的学习循环。

自我评价的过程也是学生自我管理能力得以提升的过程。学生需要根据评价标准监控自己的学习进程，合理分配时间和精力，调动多种资源完成学习任务。这些都对学生的自我管理能力提出了更高要求。在不断实践和反思中，学生逐步掌握自我管理的方法，养成自觉自律的学习习惯。

自我评价并非学生独自完成的孤立行为，而应该在教师的引导下进行。教师要为学生提供科学的评价工具和规范，如学习日志、学习档案袋、自评量表等，引导学生客观记录和评估自己的学习过程。教师还要给予学生及时的反馈和指导，帮助其分析问题、提出改进措施。这种师生互动能够提高自我评价的针对性和有效性。

（二）增强自我反思意识

学生自我评价是指学生根据一定的评价标准，对自己的学习过程、学习效果、学习态度等进行评判和反思。在高校体育教学中，引入学生自我评价机制，能够有效激发学生对自身体育技能的再认识，提升其主动学习的意识和能力。

自我评价能够引导学生客观审视自己的体育学习状况。在自评过程中，学生需要系统梳理自己的体育知识和技能，总结学习过程中的得失，发现自身存在的优势和不足。这种自我反思有助于学生深化对所学知识的理解，加强对技能形成过程的认识，从而更加清晰地认识到自己在体育学习中的位置和差距。

正如体育心理学研究表明，准确的自我认知是激发学习动机、制订学习目标的重要前提。

自我评价有利于培养学生自主学习体育的意识。传统体育教学中，教师往往扮演主导者的角色，学生则处于被动接受的地位。而自我评价要求学生主动参与到教学评价中，对自己的学习过程负责。在制订自评标准、收集自评证据、撰写自评报告的过程中，学生逐渐意识到自己才是体育学习的主人，体育技能的提升归根结底要靠自己的努力。这种主人意识的建立，能够使学生摆脱对教师的依赖，学会自己规划体育学习，提高学习的针对性和有效性。

自我评价为学生构建了持续改进体育技能的途径。通过对学习过程的系统评估，学生能够及时发现自身存在的问题和障碍，有针对性地调整学习策略，改进学习方法。同时，在自我评价中获得的成就感和满足感，也能够成为学生不断进步的内在动力。一项关于大学生体育自主学习的调查显示，坚持自我评价的学生在学习兴趣、学习毅力、学习效果等方面都显著优于其他学生。可见，自我评价是学生实现自我完善、自我发展的重要路径。

自我评价为学生综合素质的养成创造了条件。在自我评价过程中，学生不仅要关注自己的体育技能，更要审视自己的学习态度、意志品质、团队意识等各个方面。这就要求学生全面认识和规范自我，在体育学习中锤炼品格，塑造健全人格。同时，撰写自评报告、开展自评交流也为学生提供了展示自我的舞台，有助于提升其语言表达、逻辑思辨等关键能力。正如教育学者所言，自我评价既是一种评价方式，更是一种教育手段，对于学生身心全面发展具有独特价值。

（三）提高自我管理效率

学生自我评价是提高其自我管理效率、优化体育学习过程的有效手段。在传统的体育教学模式中，学生往往处于被动接受的地位，缺乏对自身学习过程的反思和调控。而引入自我评价机制，则能够激发学生的主体意识，使其成为体育学习的积极参与者和建设者。

通过自我评价，学生能够及时了解自己在体育学习中的优势和不足，明确努力的方向。例如，在篮球运动教学中，学生可以通过自我评价，分析自己在投篮、运球、传球等技术方面的掌握情况，找出存在的问题，并据此制订针对性的练习计划。这一过程不仅能够提高学生的自我认识水平，更能培养其独立思考、自主学习的能力。

自我评价还能够帮助学生树立积极的体育学习态度。在评价过程中，学生需要回顾自己的学习历程，总结已取得的进步，这有助于增强其学习信心和成就感。同时，通过将自己的表现与预设目标进行对比，学生能够更加清晰地认识到目标实现的途径和方法，从而形成内在的学习动力。久而久之，体育学习将不再是外加的任务，而成为学生自觉的追求。

自我评价有利于学生养成自我管理的习惯。在体育学习中，掌握正确的练习方法固然重要，但更为关键的是管理好练习的过程。通过自我评价，学生能够实时监控自己的学习状态，合理安排时间和精力，调整练习的节奏和强度。这种自我管理能力不仅能够提高体育学习的效率，更是学生在未来生活和工作中不可或缺的宝贵品质。

二、学生自我评价的方法与技巧

（一）设定具体可行的评价标准

在设定具体可行的自我评价标准时，教师应当充分考虑学生的个体差异和实际情况。每个学生的体育基础、运动能力和兴趣爱好不尽相同，因此评价标准不宜“一刀切”，而应体现一定的弹性和包容性。教师可以引导学生根据自身特点，制订切实可行的阶段性目标，如“本学期能够完成 15 个引体向上”“每天坚持慢跑 30 分钟”等，避免设置过高或过低的标准。同时，评价指标应当具有可测性和可操作性，学生能够通过自我观察、记录等方式客观评估自己的进步和不足。

教师在指导学生设定自我评价标准时，还应注重培养其自我管理和自我激励的能力。教师可以鼓励学生细化评价指标，将目标分解为若干个阶段性任务，并设置合理的时间节点。例如，为了达成“每天坚持慢跑 30 分钟”的目标，学生可以先从每天 10 分钟起步，然后逐步增加时长，并通过打卡、日记等形式记录和督促自己。在这个过程中，学生不仅能够感受到自我管理带来的成就感，更能逐步养成自我激励的习惯。

自我评价标准的设定还应兼顾过程性和结果性。体育学习是一个循序渐进、不断积累的过程，短期内可能难以取得显著成效。因此，评价标准不应只盯着结果，而应更加关注学生在体育学习中的态度、努力程度和进步幅度。教师可以引导学生围绕课堂表现、课外锻炼、运动习惯等方面设置过程性指标，激励其保持积极向上的学习状态。同时，适当的结果性指标，如“期末体测成绩提高10%”等，也能起到督促和鞭策的作用。

（二）采用日记或学习记录的方式

在高校体育教学中，引导学生采用日记或学习记录的方式进行自我评价，有助于培养其自主学习意识和反思习惯。通过书写学习日记，学生能够系统梳理每节课或每个学习阶段的收获和不足，加深对所学知识和技能的理解。同时，日记也是学生自我管理、自我监督的重要工具，督促其养成良好的学习习惯。

在体育学习日记中，教师可以鼓励学生详细记录每次体育课的主要内容、自己的表现、心得体会等。例如，学生可以描述自己在某项运动技能练习中遇到的困难，分析原因所在，并提出改进策略。又如，学生可以总结自己在团队合作中的角色和贡献，评价自己的沟通协调能力，思考如何提升个人在集体中的价值。通过这种方式，学生能够将理论知识与实践体验相结合，加深对体育运动规律的认识，提高运动技能水平。

除了记录课堂学习内容外，体育学习日记还应涵盖课外体育锻炼的情况。学生可以记录自己每周参加体育活动的时间、强度、项目等，总结个人体质健康状况的变化。这不仅能增强学生自觉参与体育锻炼的意识，还能帮助教师及时了解学生课外体育的开展情况，为因材施教提供重要依据。

要发挥体育学习日记的育人功能，教师的引导和反馈必不可少。教师应该定期检查学生的日记，给予肯定性评价和建设性意见。对于学生日记中反映出的共性问题，教师还可以在课堂上进行重点讲解和指导。只有在师生良性互动中，体育学习日记才能真正成为促进学生自主学习、自我完善的有效途径。

现代信息技术的发展为学生撰写体育学习日记提供了更加便捷、灵活的方式。教师可以引导学生利用网络平台、移动App等工具记录和分享学习心得，增进同学间的交流与启发。这种新颖的学习方式更符合当代大学生的认知特点和行为习惯，有助于提高学习日记撰写的积极性和主动性。

（三）运用多元化评价工具

在高校体育教学学生自我评价中，运用多元化的评价工具能够全面、深入地反映学生的学习过程和结果。传统的自我评价往往局限于单一的问卷调查或学习日记，难以全面评估学生在体育学习中的收获和不足。为了突破这一局限，教师应积极探索多样化的自我评价方式，综合运用定量和定性的评价工具，动态跟踪学生的学习状况。

从定量评价的角度看，教师可以设计科学、规范的自评量表，引导学生从不同维度评估自己的体育学习表现。例如，在篮球教学单元，教师可以制订包括投篮、运球、传球等技术动作的自评量表，要求学生根据每个动作的完成质量进行打分。同时，教师还可以在量表中设置体能、战术运用、团队协作等指标，帮助学生全面认识自己的综合能力。通过定期填写自评量表，学生能够直观地了解自己的学习进步，找出存在的问题，并据此调整学习策略。

从定性评价的角度看，教师可以引导学生通过体育学习档案袋、运动日记、视频分析等方式，记录和反思自己的学习历程。例如，学生可以在每次体育课后撰写运动日记，详细记录自己在课堂上的表现、心得体会和困惑疑问。教师可以定期回收并点评这些日记，给予学生个性化的指导和鼓励。又如，学生可以使用运动手环等电子设备，记录自己课外体育锻炼的数据，并通过 App 生成直观的数据分析报告。这些定性的评价方式能够帮助学生形成清晰、连贯的学习脉络，深化对体育知识和技能的理解，提高学习的主动性和自觉性。

教师还可以为学生提供丰富的自我展示平台，激发其运用所学知识和技能的热情。例如，教师可以定期组织体育技能展示会，鼓励学生自编自导体育节目，展现自己的学习成果。又如，教师可以引导学生参与体育专题研究项目，运用体育理论知识分析现实问题，提出自己的见解。在准备和参与这些活动的过程中，学生不仅能够巩固和深化体育知识，还能够提升语言表达、逻辑思辨、创新实践等综合素质，加深对自我的认识和理解。

三、同伴评价的作用与优势

（一）促进团体合作精神

同伴评价是提高学生团体合作精神的有效途径。在同伴评价过程中，学生不再是孤立的个体，而是相互依存、彼此影响的整体。他们需要通过沟通协调、分工合作来完成共同的评价任务。这一过程不仅能够增进学生之间的了解和信任，还能够培养他们的责任意识和集体荣誉感。当学生意识到自己的表现不仅关乎个人，更关乎团队时，就会倾向于为集体利益而努力，表现出更强的合作意识和奉献精神。

同伴评价为学生提供了展示自我、相互欣赏的平台。在评价过程中，每个学生都有机会展示自己的优势和特长，赢得同伴的认可和尊重。这种正向体验能够增强学生的自信心和自我效能感，激发其积极参与集体活动的动力。当学生感受到来自同伴的支持和鼓励时，也更愿意信任他人、与他人合作。久而久之，学生之间就能形成积极向上、互帮互助的良好氛围。

同伴评价还能够引导学生形成正确的价值观念。在评价标准的设定上，教师应着重强调团队合作的重要性，引导学生树立“团结就是力量”的集体主义观念。在评价反馈环节，教师应肯定学生在合作方面的进步和努力，鼓励其再接再厉、精益求精。通过这种春风化雨、潜移默化的影响，学生就能逐渐内化团队意识，将合作精神内化为自身修养的一部分。

（二）提供不同视角的反馈

同伴评价能够提供不同于教师视角的反馈信息，为学生的学习和发展提供新的视角和思路。在传统的教学模式中，教师往往是学生学习的主要评价者，他们通过课堂观察、作业批改、测验考试等方式对学生的学习情况进行评估和反馈。然而，教师的评价视角难免存在局限性，他们更多地关注学生的学习结果，而对学生的学习过程、学习策略、情感态度等方面的关注相对不足。

相比之下，同伴评价能够弥补教师评价的不足，为学生提供更加全面、多元的反馈信息。在同伴评价活动中，学生通过相互观察、交流、讨论，能够更加深入地了解彼此的学习过程和思维方式。他们可以从不同的角度发现同学的优缺点，提出建设性的意见和建议。这种互动式的评价方式不仅能够帮助学生认识自己的不足，改进学习策略，也能够激发他们的学习动机，促进彼此的共同进步。

同伴评价还能够培养学生的批判性思维和评判能力。在评价他人的过程中，学生需要运用所学知识和技能，分析同学的表现，给出客观、公正的评价。这一过程不仅能够加深学生对知识的理解和运用，还能够锻炼他们的逻辑思辨能力和语言表达能力。长此以往，学生的综合素质和关键能力都能得到有效提升。

同伴评价还有助于营造良好的班级学习氛围。在同伴评价活动中，学生之间需要频繁互动、坦诚沟通，这有利于增进彼此的了解和信任，缓解同学之间的矛盾和隔阂。当学生意识到自己的表现会受到同伴的评判时，他们往往会更加重视自己的学习态度和行为表现，形成一种积极向上、互帮互助的班级文化。

(三) 增进社交交往能力

同伴评价作为高校体育教学评价体系的重要组成部分，在培养学生社交交往能力方面具有独特优势。体育运动天然具有合作性和竞争性，需要学生在团队协作中相互配合、相互促进。而同伴评价恰恰为学生提供了在体育活动中观察他人、评价他人、反思自我的宝贵机会，使其在与同伴的互动中不断提升沟通技巧和人际交往能力。

同伴评价过程要求学生换位思考，站在他人的角度分析问题、提出建议。这一过程不仅能够锻炼学生的同理心和人际敏感度，更能促使其反思自身在体育学习中的优缺点，找出改进方向。例如，在篮球比赛中，学生需要评价队友的传球、投篮、防守等表现，这就要求其全面观察比赛过程，分析每个环节的得失，给出中肯的评价。

同伴评价还能够营造民主、平等、互助的体育学习氛围。在传统教学评价中，教师对学生的评判往往是自上而下、一锤定音的，学生处于被动接受的地位。而在同伴评价中，每个学生都是积极的参与者和贡献者，大家通过平等交流、相互启发，共同推动体育学习的进步。这种参与感和获得感，能够大大增强学生体育锻炼的内驱力，提高其主动性和创造性。

四、同伴评价的组织与实施

(一) 设计有效的同伴评价流程

设计有效的同伴评价流程是实现高校体育教学学生评价机制的关键。在构建具体实施步骤时，教师需要充分考虑学生的认知特点和实际需求，精心设计评价内容和方式，引导学生积极参与、主动互评。

教师应明确同伴评价的目标和原则。同伴评价不仅要评估学生的运动技能和体育知识，更要关注其在体育学习过程中表现出的合作精神、责任意识和道德品质。评价原则应强调客观公正、注重过程、关注个体差异，避免简单化和功利化倾向。

教师需要针对不同教学内容和学生特点，灵活选择同伴评价的形式。常见的形式包括互评表、评价量规、开放式评语等。互评表通常列出若干评价维度和对应的等级描述，便于学生对照标准进行评分。评价量规则侧重对学生在体育学习过程中的具体行为表现进行描述和判断。开放式评语则给予学生更大的自由度，鼓励其用自己的语言表达对同伴的评价。教师可结合实际需要，采取多种形式相结合的方式。

教师应对学生进行必要的评价培训。许多学生缺乏系统的评价经验，难以全面、客观地评价他人。教师需要通过讲解、示范等方式，帮助学生了解评价的内涵、掌握评价的技巧，提高其参与评价的主动性和有效性。培训内容可包括评价的目的意义、评价的原则方法、评价结果的运用等。

教师要重视同伴评价结果的反馈运用。评价结果不应只是单向度地评判学生的优劣，更应成为促进学生反思、改进和发展的契机。教师可以通过个别访谈、小组讨论等形式，引导学生分析评价结果，总结学习经验，制订改进计划。对于共性问题，教师还可以在课堂上进行集中讲解，促进学生共同提高。

（二）培训学生进行同伴评价

在组织实施同伴评价之前，教师需要对学生进行系统的培训，帮助他们掌握同伴评价的基本原则和具体技巧。这是保证同伴评价有效性和科学性的关键环节。教师应向学生阐明同伴评价的目的和意义，消除其对评价的疑虑和抵触情绪。通过案例分析和情景模拟，让学生认识到同伴评价不是为了相互攻击、揭短，而是为了共同进步、相互促进。只有树立正确的评价动机和积极的评价态度，学生才能真正投入到同伴评价活动中。

教师要引导学生掌握科学的评价标准。评价标准是开展同伴评价的基础和依据，直接关系到评价结果的客观性和公正性。因此，教师需要根据体育教学目标和学生特点，设计出切实可行、易于操作的评价指标体系。在培训过程中，教师应详细解读每一项评价指标的内涵，并通过典型示例帮助学生理解标准在实际运用中的注意事项。同时，教师还要强调评价过程中要坚持客观、公正的原则，避免主观臆断和偏颇倾向。

教师还需要传授给学生一些具体的评价技巧。例如，在评价他人时要学会换位思考，设身处地地为对方着想；在提出批评意见时要做到依据充分、语言得当，不伤及对方自尊；在肯定他人优点时要真诚赞美、举证有力，帮助对方树立自信。这些评价技巧不仅有助于学生更好地完成评价任务，也能促进其沟通交流能力和人际交往水平的提升。

教师还要加强对同伴评价实施过程的跟踪指导。在学生进行同伴评价时，教师要适时参与、巡回督导，确保评价活动按照既定目标有序展开。对于学生在评价中遇到的困惑和问题，教师要耐心解答、及时纠正，防止出现偏离轨道的情况。教师还要注重评价结果的反馈和运用，引导学生认真对待评价意见，积极改进自身不足，并在今后的学习中不断完善、持续进步。

第五章 高校体育教学资源的开发与利用

第一节 校内体育教学资源的整合与优化

一、校内体育教学资源现状调研与分析

（一）校内体育设施与器材使用概况

校内体育设施与器材的使用情况是评估高校体育教学资源配置合理性和有效性的重要维度。通过对场地大小、设施种类与数量等基本信息的调研与分析，可以全面了解学校体育硬件设施的建设水平和使用状况，为优化资源配置、提升教学质量提供依据。

根据相关调查数据显示，我国高校体育场地和设施普遍存在着总量不足、结构不合理、利用率不高等问题。一方面，受限于学校用地面积和资金投入，体育场地数量难以满足教学和锻炼的实际需求，人均体育场地面积远低于国家规定标准；另一方面，体育设施种类单一、布局分散，难以适应多元化的教学需要。部分高校过于注重传统的田径、球类等项目，而忽视了时尚、休闲类体育项目的配置。同时，专业设施与大众化健身器材脱节，无法有效激发学生的运动兴趣。体育设施管理方面也存在诸多不足，缺乏统一规范的使用登记和维护保养制度，导致器材损坏频繁、场地闲置浪费等现象屡见不鲜。

针对上述问题，高校应从顶层设计和具体实施两个层面入手，全面加强体育设施与器材的规划建设和优化利用。在规划建设方面，要立足学校自身条件和学生需求，科学测算体育设施需求总量，并在此基础上合理布局功能分区。既要重视主流运动项目设施的配备，又要适度引入新兴体育项目，丰富设施种类，满足不同学生群体的个性化需求。在器材选购和更新方面，要紧跟体育器材发展的新趋势，选用安全性能好、智能化程度高的现代器材，为学生创设优质的体育锻炼环境。

在优化利用方面，高校要完善体育设施开放共享机制，最大限度地发挥场地效用。一是要建立覆盖全校的统一管理平台，实现体育设施数字化、信息化

管理，便于使用和维护。二是要合理配置教学训练和自主锻炼时段，鼓励学生课余使用体育场地，提高设施利用率。三是要加强体育设施的日常维护与管理，建立责任到人的管理制度，及时维修损坏器材，保障设施完好率。四是要强化体育设施使用的安全教育，增强师生安全意识，规范使用行为，降低运动损伤风险。

（二）师资与课程现状评估

师资力量和课程设置是高校体育教学资源的重要组成部分，直接关系到体育教学的质量和效果。通过对教师专业能力和课程设置现状的评估分析，可以发现当前高校体育教学资源在这两个方面存在一些不足和问题。

从师资力量来看，部分高校体育教师的专业素质有待提升。一些教师缺乏系统的体育专业理论知识，对体育学科前沿动态了解不够，教学内容陈旧，难以满足学生多样化的学习需求。同时，教师的教学方法较为单一，过于注重技术动作的传授，忽视了学生体育兴趣的培养和体育素养的塑造。教师自身缺乏创新意识和科研能力，难以开展高质量的教学研究，推动体育教学的改革与发展。

从课程设置来看，当前高校体育课程存在内容陈旧、结构不合理等问题。许多高校的体育课程仍然以传统的田径、球类等项目为主，缺乏时代特色和学生喜爱的新兴运动项目。课程内容脱离学生实际，难以激发学生的学习兴趣。同时，体育课程设置缺乏系统性和连贯性，各门课程之间缺乏必要的衔接和协调，导致教学内容重复或遗漏，难以形成完整的体育知识和技能体系。体育课程评价方式单一，过于注重技能考核，忽视了学生运动参与的过程性评价和综合素质的考查。

针对上述问题，高校亟须采取有效措施，加强师资队伍建设，优化课程设置，提升体育教学资源的整体质量。一方面，要加大对体育教师的培养和培训力度，提升其专业理论水平和实践教学能力，鼓励教师积极开展教学研究和创新，不断更新教学内容和方法；另一方面，要根据学生需求和社会发展需要，合理设置体育课程，增设新兴、时尚的体育项目，丰富课程内容。同时，要优化课程结构，加强各门课程的衔接与整合，形成科学、完整的体育课程体系。在课程评价方面，要构建多元化的评价体系，综合考察学生的运动技能、体育参与和综合素质，引导学生树立终身体育的意识和习惯。

（三）学生体育活动参与状况

学生体育活动参与状况的调查是评估高校体育教学资源利用效果的重要依据。通过问卷调查、访谈等方式，全面了解学生体育活动参与的频率、时长、方式、内容等基本情况，能够客观反映学校体育教学资源的实际利用水平。同时，深入分析影响学生参与体育活动的主客观因素，对于优化资源配置、完善教学管理、提升教学质量具有重要意义。

从主观因素来看，学生的体育意识、兴趣爱好、价值观念等对其参与体育活动具有决定性作用。体育意识较强、具有较高运动热情的学生往往更加主动、积极地投入到体育锻炼中，体育活动参与频率和时长也相对较高。反之，缺乏体育意识、不喜欢运动的学生则很少主动参与体育活动。因此，加强体育宣传教育，培养学生的体育兴趣，树立“健康第一”的理念，是提高学生体育活动参与度的关键。

从客观因素来看，学校体育场地设施条件、师资力量、课程设置、教学组织等对学生体育活动参与具有重要影响。良好的体育硬件设施能够为学生提供便利的锻炼条件，激发其运动热情。而专业素质高、教学能力强的体育教师则能够因材施教，设计出吸引学生、符合其需求的教学内容，提高课堂参与度。灵活多样的体育课程形式，如选修课、俱乐部等，也更容易调动学生的积极性。总之，学校应根据学生的实际需求，不断改善体育教学条件，优化教学内容和方式，为学生创造良好的体育活动环境。

学生的课业压力、时间安排等也会在一定程度上制约其参与体育活动。部分学生由于学习任务重、时间紧张，难以在体育锻炼上投入更多精力。对此，学校应加强学习生活指导，帮助学生合理安排时间，在保证学习质量的同时，为体育锻炼留出必要的时间和空间。同时，学校还应创新体育活动形式，如开展趣味性强、耗时较短的体育活动，满足学生的多元化需求。

二、校内体育教学资源整合的策略与方法

（一）优化资源分配原则

优化校内体育教学资源的分配，是体育教学改革的重要突破口。在有限的资源条件下，如何最大限度地发挥资源的效用，实现资源利用率的最大化，是

每一所高校都必须面对的现实课题。科学、合理地分配资源，不仅关乎教学质量的提升，更关乎学生身心健康的全面发展。因此，高校应树立资源整合与优化的理念，建立需求导向的资源分配机制，努力实现资源与育人质量的同步提升。

资源分配应坚持以需求为导向的基本原则。传统的资源分配往往采取“平均主义”的做法，忽视了不同运动项目、不同教学环节的客观需求差异。殊不知，体育运动的特点决定了各项目在场地、器材、师资等方面的需求各不相同。如果一味地搞“一刀切”，不仅难以满足教学的实际需要，还可能导致资源的闲置和浪费。因此，高校应深入调研各运动项目的教学需求，全面评估项目开展的必要条件，在此基础上制订差异化的资源配置方案。对于师资力量薄弱的项目，可以通过引进人才、加大培训力度等方式予以重点扶持；对于场地设施短缺的项目，可以通过扩建改造、错峰使用等途径予以重点保障。唯有从需求出发，精准发力，才能真正做到物尽其用、用有所值。

资源分配应注重效益最大化。在需求导向的基础上，资源分配还应体现效益最大化的原则。所谓效益，既包括教学效益，也包括社会效益。一方面，高校要优先保障体育必修课和提高学生体质健康水平的资源投入，提高资源使用效率，不断提升体育教学质量和育人实效；另一方面，高校还应统筹兼顾群众体育和竞技体育的发展需要，将资源配置与学校的办学定位、发展目标紧密结合起来。对于高水平运动队和体育特色项目，应在资金、政策等方面给予适度倾斜，以彰显学校特色，提升学校美誉度。对于面向全体学生的体育活动，应创新工作机制，拓宽资金渠道，千方百计满足师生的健身需求。唯有立足学校实际，突出投入产出效益，才能实现规模、结构、质量、效益的统一。

资源分配应突出公平性和均衡性。体育运动关乎每个学生的身心健康，每个人都应享有平等参与、公平享用资源的权利。因此，在资源分配的过程中，高校要坚持公平和均衡的原则，促进资源的普惠共享。一方面，要加强资源的统筹协调，在全校范围内实现资源的均衡配置，尽量缩小学院、专业之间的差距。特别是对于基层教学单位和薄弱专业，要加大资源的投入力度，切实改善办学条件。另一方面，要完善资源的使用管理制度，杜绝资源垄断和随意占用的现象，保障每一位师生的合法权益。同时，高校还应创新资源共享机制，积极探索跨校、跨区域合作，充分利用社会资源拓展办学空间。这样不仅有利于缓解资源短缺的矛盾，更有助于构建开放、包容、均衡的资源保障体系。

（二）横向联合与纵向协同

横向联合与纵向协同是高校体育教学资源整合的重要策略。在现代教育理念的指引下，高校体育教学已不再是单一学科的封闭运作，而是需要与其他学科、部门乃至社会各界开展深度合作，实现资源的优化配置和价值最大化。

从横向维度来看，体育学科与其他学科之间存在着广泛的交叉与融合空间。通过学科间的协同创新，可以促进体育知识与其他学科知识的相互渗透，催生出新的研究方向和增长点。例如，体育学科可以与医学、心理学等学科合作，深入研究运动对人体生理、心理健康的影响机制，为科学健身提供理论指导。又如，体育学科可以与工程学、材料学等学科携手，开发新型运动器材和设施，提升体育运动的科技含量。这种跨学科的合作不仅有助于拓宽体育学科的研究视野，也能够带动相关学科的发展，实现多方共赢。

从纵向维度来看，高校体育部门需要与学校其他职能部门建立紧密的协作机制。体育工作涉及面广、专业性强，单靠体育部门难以独立完成。为此，体育部门要主动加强与教务、学工、后勤等部门的沟通对接，争取学校层面的政策支持和资源倾斜。同时，各部门也要树立“一盘棋”思想，从全局出发统筹谋划，形成工作合力。比如，体育部门可以与教务部门商讨，在课程设置、学分管理等方面为体育教学提供便利；与学工部门密切配合，将体育活动纳入第二课堂体系，丰富校园文化生活；与后勤部门协调，改善运动场地设施的建设与维护，为师生的体育锻炼提供坚实保障。唯有如此，才能形成全员参与、协同推进的工作格局，不断提升体育教学工作的制度化、规范化水平。

从社会层面来看，高校要积极拓展与地方政府、企事业单位、社会团体的合作渠道。充分利用社会力量参与高校体育教学，既能丰富体育资源的供给，又能提升体育教学的社会影响力。一方面，高校可以与地方体育部门建立长效联动机制，共享公共体育资源，联合开展大型体育赛事，扩大体育交流的平台和空间；另一方面，高校还可以引入社会资本参与体育设施建设、课程开发等，探索政府和社会资本合作（PPP）、校企合作等多元办学模式，盘活体育资源存量，提升体育产出效益。当然，在推进校外合作的过程中，高校必须坚持教育性、公益性原则，防止过度市场化、功利化倾向，确保体育教学的正确方向。

（三）信息化管理系统建设

信息化管理系统的建设是提高高校体育教学资源管理透明度和可追溯性的

重要举措。传统的体育教学资源管理模式往往依赖于人工记录和管理，难以全面、及时地掌握资源的使用情况，也无法有效追踪资源的流向和使用效果。这种管理方式不仅效率低下，而且容易出现遗漏、错误等问题，影响资源的合理配置和有效利用。

信息化管理系统的引入，能够从根本上改变这一局面。通过数字化手段，系统可以实时记录体育教学资源的基本信息，如数量、类型、存放位置等，并动态跟踪其使用情况。这不仅大大提高了管理效率，减轻了管理人员的工作负担，更重要的是，它为资源管理提供了完整、准确的数据支撑，使管理工作更加透明化、规范化。

信息化管理系统还能够智能化地分析资源使用数据，为优化资源配置提供决策参考。系统可以根据使用频率、使用效果等指标，自动生成资源使用报告，识别资源配置中存在的问题，如资源闲置、使用率不均衡等。管理者可以据此及时调整资源分配策略，提高资源的利用效率。同时，这些数据也为评估教学效果、改进教学方法提供了重要依据。教师可以通过分析学生使用体育器材的情况，了解其体育锻炼的偏好和习惯，为因材施教，提供更加个性化的指导。

信息化管理系统的另一个重要优势在于其可追溯性。在传统管理模式下，一旦出现资源丢失、毁损等问题，往往难以查清原因和责任。而通过信息化管理，每一件体育器材从采购、入库到使用、维护的全过程都有据可查，一旦出现问题，可以快速定位责任人，及时处理，避免矛盾升级。这种可追溯性不仅有利于资源管理的规范化，也能够增强师生的责任意识，促进体育教学活动的有序开展。

信息化管理系统的建设需要学校的高度重视和大力投入。一方面，学校要加强顶层设计，根据自身特点和需求，规划适合本校的信息化管理方案；另一方面，学校要加大资金投入，不仅要购置先进的软硬件设备，更要重视管理人员的培训和师生的教育，提高其信息化素养和使用能力。只有软硬件设施与人员素质同步提升，信息化管理系统才能真正发挥效用。

三、校内体育教学资源优化的具体措施

（一）建立与完善校内体育设施

建立与完善校内体育设施是提升高校体育教育水平的重要举措。高质量的

体育设施不仅能够为学生提供良好的运动环境，满足其多样化的运动需求，更能够激发学生参与体育活动的兴趣和热情，培养其终身体育锻炼的习惯。因此，高校应根据不同运动项目的特点和学生的实际需求，针对性地更新或新增体育设施，全面提升训练和比赛场地的质量。

从硬件设施层面来看，高校应首先保证体育场地和器材的数量充足、种类丰富。这就要求学校在规划和建设阶段，要全面考虑学生的体育活动需求，科学合理地配置各类场地和设施。例如，学校可以根据学生喜爱的运动项目，增设相应的专业场地，如篮球场、足球场、游泳馆等；同时，还应配备足够数量的健身器材，如跑步机、力量器械等，以满足学生进行个性化体育锻炼的需要。高校还应注重体育设施的质量和安全性。优质的运动场地不仅能够降低运动损伤的风险，也能够提升学生的运动体验和效果。为此，学校应定期对体育设施进行维护和更新，并严格按照国家标准和行业规范进行建设，确保场地设施的质量和安全性达标。

从软件配套层面来看，高校还应完善体育设施的管理和服务体系。科学合理的管理制度是保障体育设施有效运行的基础，学校应建立完善的设施使用、维护、更新等管理制度，明确管理责任，规范管理流程，提高管理效率。同时，学校还应配备专业的管理和服务人员，如体育场地管理员、器材维修工等，为学生提供及时、周到的服务。学校还可以利用信息化手段，开发体育设施管理和预约系统，方便学生查询、预约场地和器材，提高体育设施的使用效率。

建立与完善校内体育设施是一项系统工程，需要学校各部门通力合作，统筹规划，综合施策。一方面，学校应加大对体育设施建设的投入力度，在资金、土地等方面给予政策倾斜和支持，为体育设施建设提供必要的物质保障；另一方面，学校还应整合校内外资源，探索多元化的建设模式，如引入社会资本参与体育设施建设、与社会体育场馆开展共建共享等，不断拓宽体育设施建设的资金来源和渠道。同时，学校还应加强与政府部门、体育行业组织的沟通合作，学习借鉴先进经验，提升体育设施建设和管理的专业化水平。

（二）加强师资力量及课程改革

教师队伍的专业水平和教学能力是影响高校体育教学质量的关键因素。面对新时代高等教育改革的要求，体育教师必须不断加强自身修养，提升教学水平，以适应日益多元化、个性化的教学需求。这就需要学校和主管部门高度重视体育教师的培养和发展，为其搭建持续进修、自我提升的平台。

具体而言，学校可以定期组织体育教师参加各类专业培训，如教学方法研讨会、课程设计工作坊等，帮助教师及时了解体育教学改革的最新动向，学习先进的教学理念和方法。同时，鼓励教师积极参与教学研究，开展教学反思，探索适合自身和学生特点的教学策略。学校还应完善教师评价和激励机制，将教学质量和教学创新作为考核的重要指标，调动教师投身教学的积极性和主动性。

课程改革是提升体育教学质量的另一重要举措。传统的体育课程设置往往以竞技性项目为主，内容单一、形式刻板，难以满足学生日益多样化的需求。为此，体育教师应积极优化课程结构，合理设置必修课和选修课，增加新兴、时尚的运动项目，如瑜伽、攀岩、极限运动等，以激发学生的兴趣和参与热情。在教学内容上，要加强与健康教育、心理健康、美育等方面的融合，实现体育课程的综合化、立体化。在教学方法上，教师要根据项目特点和学生实际，灵活采用任务教学、合作学习、自主探究等多种方式，突出学生的主体地位，提高课堂教学的参与度和互动性。

丰富多彩的校园体育活动也是体育教学的重要组成部分。学校应充分利用课外时间，定期举办形式多样的体育活动，如体育节、运动会、球类比赛等，为学生提供展示运动技能、增强体质、陶冶情操的舞台。在组织活动的过程中，要注重发挥学生的主观能动性，鼓励其积极参与活动策划、组织和实施，以培养其组织协调、沟通合作等综合素质。同时，学校还应重视体育社团建设，支持学生根据兴趣爱好自发成立各类体育社团，以拓展体育活动的广度和深度。

加强体育教学资源的整合与优化，是学校提升体育教学质量的重要保障。目前，许多高校体育场地设施不足，器材装备老化，教学资源分散，难以满足日益增长的体育教学需求。对此，学校应统筹规划，合理配置，探索建立体育教学资源共享机制。一方面，要加大资金投入，改善体育基础设施条件，购置先进的体育教学器材，为体育教学创造良好的硬件环境；另一方面，要充分挖掘和利用校内外资源，与社会体育组织、社区、俱乐部等建立合作，实现资源共享、优势互补，扩大学生参与体育活动的空间。同时，还要注重体育资源的信息化管理，建立完善的资源数据库，提高资源的利用效率和便捷度。

(三) 推进体育科技与教育融合

随着现代科技的飞速发展，虚拟现实（VR）、增强现实（AR）等新兴技术在教育领域的应用日益广泛。将这些创新技术引入高校体育教学，有助于打破传统教学模式的局限，创设沉浸式、交互式的学习场景，提升学生的学习兴趣和参与度，推动教学模式向个性化、智能化方向发展。

VR技术以其身临其境的体验优势，为体育教学带来了革命性变革。通过VR设备，学生可以在虚拟环境中模拟各种体育运动，如滑雪、潜水、攀岩等，感受逼真的运动场景和动作要领。这种沉浸式体验不仅能激发学生的运动热情，还能帮助其建立正确的动作概念，提高运动技能。对于一些高风险或受场地限制的运动项目，VR技术更是大大降低了教学成本和安全隐患，为广大学生提供了平等参与的机会。

AR技术则通过将虚拟信息叠加在真实场景之上，为体育教学提供了直观、实时的反馈和指导。例如，学生在进行球类运动时，AR设备可以实时追踪球的运动轨迹，分析学生的挥拍动作，并给出相应的技术提示。这种可视化的即时反馈有助于学生及时调整错误动作，掌握正确的运动技巧。教师也可以利用AR技术为学生提供个性化的训练方案，针对每个学生的特点和不足，制订科学、有效的练习计划。

VR、AR技术还为体育理论课教学带来了新的可能。教师可以利用这些技术生动地展示人体运动的内在机理，如肌肉收缩、关节运动等，加深学生对运动生理学知识的理解。一些经典的体育赛事片段也可以通过VR、AR技术再现，让学生身临其境地感受体育精神和文化内涵。

四、校内体育教学资源利用率的提升途径

（一）加强体育课程的宣传与引导

加强体育课程的宣传与引导，对于提高学生对体育课程的认知，激发其运动兴趣，推动其积极广泛参与，具有重要意义。体育是学校教育的重要组成部分，是实现学生全面发展、增强体质、培养综合素质的关键途径。然而，在实际教学中，由于体育课程的地位和作用尚未得到充分认识，学生参与的积极性和主动性普遍不高，这在一定程度上制约了体育教学质量的提升。为了扭转这一局面，学校和教师应高度重视体育课程宣传工作，采取多种措施，全方位、多角度地向学生阐释体育锻炼的价值和意义。

在宣传过程中，要充分利用各种信息传播渠道和平台，如校园网站、宣传栏、微信公众号等，定期发布体育课程的教学内容、训练计划、比赛安排等信

息，提高课程的透明度和吸引力。同时，教师还可以通过专题讲座、征文比赛、体育知识竞赛等形式，深入剖析体育运动的科学原理和实践技巧，拓宽学生的认知视野，培养其探究兴趣。邀请优秀运动员、教练员走进校园，分享成长历程和成功经验，用鲜活的案例激发学生的参与热情，让他们切身感受到体育带来的乐趣和收获。

在课程引导方面，教师要立足学生的年龄特点和认知水平，因材施教，循序渐进。对于运动基础较差的学生，教师应给予更多鼓励和支持，帮助其树立自信心，体验成功感。对于已具备一定运动技能的学生，教师则可以提供更具挑战性的学习任务，引导其挖掘自身潜力，不断超越自我。同时，教师还应重视学生的情感体验，营造民主、平等、融洽的师生关系，使其在轻松愉悦的氛围中完成体育学习。通过有针对性的教学设计和灵活多样的组织形式，不断提高体育课程的吸引力和感染力，让学生真正成为学习的主人。

要提高学生对体育课程的认知和兴趣，学校还应完善体育教学的硬件设施和软件条件。一方面，要加大资金投入，改善场地器材，为学生创设优良的体育锻炼环境；另一方面，要建立健全教学质量评价体系，将学生的参与度、运动技能、身心健康状况等纳入考核范畴，形成科学合理的激励机制，调动学生参与体育的内在动力。学校还可以开设体育社团和兴趣小组，为学生搭建交流平台，拓宽课外锻炼渠道。通过“课内外一体化”的体育教学模式，最大程度地满足学生多层次、多样化的需求，使其在体育运动中享受乐趣、增强体质、全面发展。

（二）实施灵活开放的体育课程策略

灵活开放的体育课程策略是优化校内体育教学资源的重要举措。传统的体育课程设置往往存在着内容单一、形式呆板、时间安排不合理等问题，难以满足学生多样化的体育需求和兴趣爱好。为了突破这一局限，学校应积极探索弹性化的体育课程安排模式，为学生提供更加丰富、灵活的选课机会。

具体来说，学校可以根据学生的学情特点和体育需求，开设不同层次、不同类型的体育课程。对于体育基础较好、有专项特长的学生，可以开设高阶性的专项课程，如篮球、足球、游泳等，让他们在深度学习中提升运动技能和竞技水平。而对于体育基础薄弱、缺乏运动习惯的学生，则可以开设趣味性、娱乐性较强的普及型课程，如瑜伽、健美操、体育舞蹈等，帮助他们培养运动兴趣，树立终身锻炼意识。同时，学校还可以开设一些综合性、交叉性的体育课程，如野外生存、定向越野等，让学生在挑战自我、团队协作中锻炼意志品质，提升社会适应能力。这种多元化的课程设置不仅能够满足不同学生的个性化需求，更能促进其全面发展。

在时间安排上，学校也应打破传统的固定模式，采取更加灵活、弹性的策略。可以根据不同体育项目的特点和场地设施的情况，合理调配课时，避免出现课时冲突或资源浪费的现象。同时，还可以充分利用课余时间，开设一些选修性质的体育课程或兴趣小组，为学生提供额外的锻炼机会。这种弹性化的时间安排不仅能够提高体育场地设施的利用率，更能最大限度地满足学生的选课需求，使其能够根据自己的时间安排自主选择体育课程，提高学习的自主性和灵活性。

学校还应积极拓宽体育课程的时空边界，充分利用信息技术手段，探索线上线下相结合的混合式教学模式。教师可以利用网络平台开设一些理论性较强的体育课程，如运动解剖学、体育保健学等，让学生通过在线学习掌握相关知识。同时，教师还可以录制一些微课视频，对一些重点动作或技术要领进行讲解示范，方便学生课后复习和巩固。线上教学不仅能够突破时空限制，扩大优质教学资源的覆盖面，更能激发学生的学习兴趣，培养其自主学习能力。线下教学则应侧重于动作练习和技能训练，教师可以根据学生的实际表现，及时给予指导和反馈，纠正错误动作，提高练习效果。这种线上线下相结合的混合式教学能够实现优势互补，不断提升体育教学的针对性和实效性。

（三）加强校内体育赛事与活动的组织

加强校内体育赛事与活动的组织，是提高校内体育教学资源利用率的重要途径。体育赛事与活动不仅能够为学生提供展示体育技能、增强体质的平台，更能激发其体育兴趣，培养终身体育意识。同时，体育赛事与活动的开展也为学校体育场地设施的充分利用提供了契机，有效提升了资源利用效率。

从培养学生体育兴趣的角度来看，精心组织、形式多样的体育赛事与活动是不可或缺的。通过参与趣味性强、竞争性高的体育项目，学生能够在与他人的比拼中体验运动的快乐，收获成功的喜悦。这种积极的情感体验将成为他们持续参与体育锻炼的内在动力。与此同时，面向全体学生开展的普及性体育活动，如健步走、广播体操等，更有助于营造良好的校园体育氛围，使体育运动成为学生生活的重要组成部分。久而久之，学生参与体育活动的自觉性和主动性必将显著提升。

从提高场地设施利用率的角度来看，常态化开展体育赛事与活动至关重要。很多高校虽然建设了现代化的体育场馆，配备了先进的健身器材，但由于缺乏有效的组织与引导，这些资源往往处于闲置状态，造成极大浪费。而通过举办形式多样的体育赛事与活动，学校可以充分调动这些资源，激活其应有的功能。以篮球馆为例，平日里可以承办院系之间的友谊赛，周末则用于举办校级比赛，假期还能面向社会开放。如此一来，昂贵的场地设施不再空置，其使用效率必将大幅提升。

要真正实现体育赛事与活动的常态化、规范化，仅靠体育部门的力量是远远不够的。学校应建立健全相关工作机制，整合校内外资源，为体育赛事活动的开展提供必要的人力、物力、财力支持。例如，学校可以成立体育活动委员会，由校领导担任主任，各职能部门共同参与；制订切实可行的活动方案，明确各方职责；建立激励保障机制，调动教职工参与的积极性；借助社会力量，丰富活动内容和形式。唯有如此，高校体育赛事与活动才能真正蓬勃开展、生机勃发。

第二节　校外体育教学资源的开发与利用

一、校外体育教学资源的种类与特点

（一）社区体育设施

社区体育设施是提高学生社区参与度的便捷资源，在新时代高校体育教学资源的开发与利用中具有重要地位。社区体育设施具有距离近、可达性强、功能多样等优势，能够有效弥补高校体育场地和器材的不足，为学生提供更加丰富、便利的体育活动场所。

合理利用社区体育设施，可以显著提升学生参与体育锻炼的积极性。传统的高校体育教学主要局限于校内，学生参与体育活动的时间和空间相对有限。而社区体育设施为学生提供了更加灵活、自主的锻炼机会，他们可以根据自己的时间安排和兴趣爱好，选择适合自己的运动项目和场所。这种自主选择的过程，能够激发学生的运动热情，培养其自觉参与体育锻炼的习惯。

社区体育设施的功能多样性，也为高校体育教学内容的拓展提供了广阔空

间。不同于学校相对单一的体育场地和器材，社区体育设施通常包括各种不同类型的场地，如球类场地、田径场地、游泳馆、健身房等，能够满足学生多元化的运动需求。高校可以根据社区体育设施的特点，开发各具特色的体育课程，如社区足球、社区篮球、社区游泳等，丰富学生的运动体验，提高其运动技能。

利用社区体育设施开展教学，还有助于加强高校与社区的联系，促进校社共建。学生走进社区参与体育活动，不仅能够强身健体，还能增进与社区居民的交流，增强社会责任感和公民意识。同时，高校也可以通过与社区的合作，共享体育资源，优化资源配置，实现互利共赢。

（二）商业体育中心

商业体育中心作为丰富学生体育活动选择的重要资源，在高校体育教学改革中发挥着不可替代的作用。商业体育中心不仅提供了种类多样的体育项目，更重要的是，它们拥有专业化的场地设施、设备器材和教练团队，能够为学生提供高质量的体育锻炼环境和指导服务。这不仅能满足学生多元化的体育需求，激发其运动兴趣，更有助于培养其终身体育锻炼的意识和习惯。

从场地设施的角度来看，商业体育中心往往规模宏大、功能齐全。它们不仅设有标准的田径场、篮球场、足球场等传统体育场地，还配备了游泳池、健身房、瑜伽室、舞蹈室等现代化的运动空间。这种多样化的场地设置，能够满足学生进行各类体育活动的需要，为其提供广阔的锻炼平台。学生可以根据自己的兴趣爱好和运动基础，自主选择适合的运动项目，充分享受运动的乐趣。同时，这些设施的专业化程度较高，如标准的场地尺寸、先进的器材装备等，都能够保障体育活动的规范性和安全性，提升学生的运动体验。

从师资力量的角度来看，商业体育中心聚集了一大批经验丰富、专业素质过硬的教练员。他们不仅具备扎实的运动技能，更掌握了系统的教学方法。在指导学生锻炼的过程中，教练员能够根据学生的身体条件、运动水平等因素，制订个性化的训练计划，并在训练中及时调整策略，保证训练效果。这种“因材施教”的指导模式，能够帮助学生科学地提高运动能力，掌握正确的运动技术，减少运动损伤的发生。另外，教练员还肩负着培养学生良好行为习惯、道德品质的责任。他们通过言传身教，将体育精神和价值观念潜移默化地传递给学生，引导其形成积极向上的生活态度。

从体育项目的角度来看，商业体育中心开设的运动种类丰富多样，涵盖了传统的竞技性项目和新兴的时尚运动。无论是篮球、足球、游泳等大众化项目，还是攀岩、搏击、极限运动等小众项目，都能在这里找到施展的空间。这种项目的多样性能充分满足学生的好奇心和尝试欲，激发其探索未知领域的勇气。在体验不同运动项目的过程中，学生能够发现自己的运动潜能，挖掘内心的激情所在。而且，许多新兴运动往往具有很强的娱乐性和互动性，学生在参与的过程中，不仅能获得身心的放松，还能结识志同道合的伙伴，拓展社交圈，提升人际交往能力。

利用商业体育中心开展教学，还能有效突破传统体育课的时空限制。教师可以根据教学内容的需要，灵活安排授课地点和时间，让学生走出校园，到商业体育中心进行现场体验和学习。这种身临其境的学习方式，能够激发学生的参与热情，提高学习效率。同时，商业体育中心全天候开放，学生可以利用课余时间前往锻炼，合理调节学习压力，养成自主锻炼的良好习惯。学校还可以与商业体育中心建立长期合作关系，定期组织学生参加体育赛事、体验活动等，丰富校园体育生活。

（三）自然环境资源

自然环境资源对于高校体育教学具有独特价值和重要意义。大自然提供了丰富多样的地貌和生态系统，为开展户外体育活动创造了天然条件。山地、森林、河流、湖泊等自然环境要素，不仅能够满足户外运动的场地需求，更能为学生提供亲近自然、感悟生命的宝贵机会。合理开发利用这些资源，将有助于拓宽高校体育教学的内容和形式，培养学生的生态意识和环保责任。

从知识传授的角度来看，依托自然环境资源开展户外体育教学，能够加深学生对相关学科知识的理解和运用。例如，在山地徒步过程中，学生不仅能够锻炼身体素质，还能学习地理、生物、气象等方面的知识，领略地质地貌的多样性和生态系统的复杂性。再如，在水域环境中开展皮划艇、帆船等水上运动项目教学，学生既能掌握水上运动技能，又能认识江河湖海的水文特征，了解水体污染防治的重要性。这种多学科交叉融合的学习方式，有利于拓宽学生的知识视野，培养其综合运用知识的能力。

从能力培养的角度来看，自然环境资源为高校体育教学提供了锻炼学生综合素质的广阔空间。在复杂多变的户外环境中，学生需要发挥自己的观察力、判断力、决策力，根据环境条件和自身能力及时调整运动策略。这一过程不仅能够增强学生的应变能力和心理素质，更能培养其勇于探索、敢于挑战的进取精神。同时，野外环境下的体育活动大多需要团队合作才能完成，这就为培养学生的沟通协调能力、团队意识提供了绝佳平台。在与他人携手攀登高峰、穿越丛林的过程中，学生能够真切体会到团结互助的力量，学会换位思考、求同存异，形成正确的人际交往观念。

从情感态度的角度来看，在大自然的怀抱中开展体育教学，有利于陶冶学生的情操，塑造其积极向上的人生态度。置身于广袤的自然环境中，学生能够感受到人类的渺小与自然的伟大，领悟到天人合一的哲学思想。这种亲身体验不仅能够引导学生反思人与自然的关系，更能唤起其对生命的敬畏之情，激发其珍惜当下、热爱生活的情感共鸣。同时，在挑战自我、突破极限的过程中，学生能够收获成功的喜悦和自信，懂得坚韧不拔、永不言弃的可贵品质。这些宝贵的情感体验将成为学生人格塑造的重要源泉，为其未来的发展奠定坚实的基础。

从教学模式创新的角度来看，利用自然环境资源开展户外体育教学，是推动高校体育教学改革的重要举措。传统的体育教学多以室内场馆为主，教学内容和方式相对单一，难以满足学生多样化的需求。而户外体育教学则突破了传统模式的局限，为学生提供了更加开放、灵活的学习方式。学生可以根据自己的兴趣爱好，选择不同的户外运动项目，充分发挥自主性和创造性。这种因材施教、因需施教的教学模式，更符合现代教育以人为本的理念，有利于调动学生参与体育锻炼的积极性，提升高校体育教学的针对性和实效性。

二、校外体育教学资源开发的可行性分析

（一）社会资源整合能力

随着社会的发展和教育改革的深入，高校体育教学资源的开发与利用已经成为一个备受关注的话题。高校体育教学不仅肩负着增强学生体质、培养终身体育意识的重任，更是落实立德树人根本任务、促进学生全面发展的重要途径。然而，受限于场地设施、师资力量等因素，高校自身的体育教学资源往往难以完全满足日益增长的教学需求。因此，积极开发和利用校外体育教学资源，充分调动社会力量支持高校体育教学，已经成为提升体育教学质量、丰富体育教学内容的必然选择。

从社会资源整合能力来看，高校作为人才培养和科学研究的重要基地，具有较强的资源整合和协调能力。通过与地方政府、公共服务部门、企事业单位

等建立密切联系，高校能够充分调动社会各界力量，推动体育教学资源的共建共享。一方面，高校可以与公共体育场馆、社会体育指导站点等达成长期合作协议，为师生提供更加多元、便捷的锻炼空间；另一方面，高校还可以引入优秀社会体育指导员、退役运动员等，充实体育教学师资队伍。高校在科研、人才、信息等方面的独特优势，将成为吸引社会力量参与的重要砝码。

从教学需求与外部资源的匹配度来看，校外体育资源具有多样性、专业性等特点，能够有效弥补高校自身资源的不足。社区体育设施、商业体育中心能够为大学生提供更加丰富多元的体育项目选择，满足其多样化的锻炼需求；自然环境资源如公园、山地、水域等，则为开展野外生存、定向越野、水上运动等拓展性项目提供了得天独厚的场所。高校可以根据教学计划和学生特点，有针对性地开发利用这些外部资源，极大拓展教学内容和形式，提升教学吸引力。实证研究表明，引入校外资源后，学生参与体育锻炼的积极性明显提高，运动项目选择更加多样化，体质健康水平也有显著提升。

（二）教学需求与外部资源匹配度

校外体育教学资源与校内体育课程需求的匹配程度是一个值得深入探讨的问题。高校体育教学的目标是促进学生德智体美全面发展，培养具有终身体育意识和习惯的高素质人才。要实现这一目标，仅靠校内有限的体育场地设施和师资力量是远远不够的。因此，充分利用和整合校外优质体育资源，与校内教学形成互补，对于拓展体育教学空间、丰富教学内容、提升教学质量具有重要意义。

从教学需求的角度来看，高校体育课程设置应充分考虑学生的兴趣爱好、运动基础和个性化需求。传统的体育课程往往以田径、球类等项目为主，难以满足学生日益多元化的需求。而校外体育资源恰恰能够弥补这一不足，为学生提供更加丰富多样的运动选择。例如，学校可以与社区体育中心合作，为学生开设游泳、瑜伽、舞蹈等课程；与户外运动俱乐部合作，组织学生参加登山、攀岩、野营等活动。这些形式新颖、内容多样的体育项目，不仅能够激发学生的运动兴趣，还能够拓宽其视野，培养其勇于探索、敢于挑战的精神。

从教学效果的角度来看，校外体育资源的利用有助于创设真实、生动的学习情境，提高学生运动技能的实际应用能力。体育运动的核心是强身健体，而这一目标的实现离不开在真实环境中的练习和锻炼。校外体育场馆设施往往具有专业性和规范性，能够为学生提供更加专业、系统的训练条件。同时，参与校外体育活动也有利于学生将所学知识和技能迁移到实际生活中，增强其适应社会、服务社会的能力。例如，通过参加社区篮球赛、足球赛等活动，学生不仅能够将课堂上学到的战术、配合运用到实战中，还能锻炼团队协作、沟通表达等社会交往能力。

三、校外体育教学资源开发的方式

（一）校企合作模式

校企合作是高校开发和利用校外体育教学资源的重要途径。通过校企合作模式，高校可以借助企业雄厚的资金实力和先进的场地设施，极大地拓宽体育教学空间，丰富体育教学内容。同时，校企双方优势互补、资源共享，有利于实现体育教学与产业发展的良性互动，培养适应社会需求的高素质体育人才。

从企业视角来看，参与高校体育教学合作，不仅能够提升企业品牌形象，扩大社会影响力，更能够借助高校的人才优势和科研实力，推动企业技术创新和产品升级。许多体育企业，尤其是健身俱乐部、体育培训机构等，非常重视与高校的合作。他们积极提供资金赞助、捐建场地设施、派遣优秀教练，全方位支持高校体育教学。与此同时，高校的教学实践和科研活动也为企业输送了大量优秀的体育人才，为企业的可持续发展提供了智力支撑。

从学校视角来看，校企合作有助于突破体育教学资源的瓶颈制约，实现教学内容和形式的多样化。传统的体育教学主要依托学校自身的场地设施，难以满足日益增长的教学需求。而通过与企业合作，学校可以利用企业的资源优势，开设形式多样、内容丰富的体育课程，如高尔夫、游泳、瑜伽、搏击等。这些课程不仅能够满足学生多元化的运动需求，提高他们的运动兴趣，更能拓宽学生的就业渠道，增强其职业竞争力。

在校企合作的具体实施中，双方应本着互利共赢、优势互补的原则，建立科学规范的合作机制。首先，学校应根据自身教学需求和学生特点，选择适合的企业开展针对性合作。其次，双方应明确责权利关系，在合作协议中对场地使用、师资配备、教学管理等方面做出详细规定。再次，要加强过程管理和质量监控，建立健全的教学评估和反馈机制，确保合作项目的教学质量和育人效果。最后，要注重合作成果的转化应用，鼓励师生参与企业实习实践，推动产学研深度融合。

校企合作是一项系统工程，需要学校、企业、政府等多方共同参与。各地教育部门应加大政策支持力度，完善相关法律法规，营造良好的校企合作环境。同时，要加强校企合作的宣传引导，提高全社会对校企合作育人模式的认识和重视，形成全员育人、全过程育人、全方位育人的工作格局。

（二）社会服务接入

社会服务接入是一种创新的思路，旨在将公共体育服务纳入高校体育教学资源体系，丰富校外教学资源，拓展体育教学空间。这一方法有助于打破高校体育教学的封闭性，促进校内外资源的有机融合，为学生提供更加多元化、个性化的体育学习体验。

将公共体育服务纳入校外教学资源体系，首先需要建立健全的协调机制。高校应主动与当地体育部门、社区等建立联系，积极争取政策支持和资源倾斜。通过签订合作协议、建立定期沟通机制等方式，明确双方的权利和义务，确保公共体育资源的有效利用。同时，高校还应成立专门的协调机构，负责校外体育教学资源的调研、规划、对接和管理，保障公共体育服务接入的规范性和可持续性。

在具体实施过程中，高校可以根据自身特点和学生需求，有选择地引入公共体育服务资源。例如，可以与社区体育中心合作，为学生提供更加专业、规范的场地设施；可以邀请社会体育指导员来校授课，开设特色体育选修课；可以组织学生参与社区体育赛事、健身活动，拓宽体育实践渠道。这些举措不仅能够弥补高校体育教学资源的不足，还能够增强学生的社会参与度，提升其体育文化素养。

在引入公共体育服务资源的同时，高校还应加强质量监控和绩效评估。要建立科学的质量标准和评价体系，定期开展满意度调查和效果评估，及时发现和解决存在的问题。同时，还应注重与公共体育服务的提供者进行沟通反馈，促进服务质量的持续改进。只有在保证质量的前提下，公共体育服务接入才能真正发挥其应有的作用，为高校体育教学改革增添新的动力。

四、校外体育教学资源利用的策略

（一）资源调查与匹配

校外体育教学资源的开发与利用是一项系统性工程，需要综合考虑政策法规、社会资源、教学需求等多方面因素。首要任务是对校外体育教学资源进行全面调查和系统评估，这是匹配校内外资源、优化资源配置的基础。调查内容应涵盖社区体育设施、商业体育中心、自然环境资源等多个方面，全面了解不同类型资源的数量、质量、分布特点及其利用潜力。在此基础上，要立足学校体育教学实际，从课程设置、教学计划、学生需求等角度出发，分析校内现有资源的不足，明确对外部资源的需求方向和重点领域。

资源评估的核心在于建立科学、规范的评估指标体系。指标设计应兼顾资源自身条件和教学功能两个维度，既要评估场地设施的硬件水平、环境条件、安全性能，又要评判其与教学大纲的匹配度、对教学活动的支撑作用。通过定性与定量相结合的方法，多角度、多层面地考察每一项资源的状况和价值，做到心中有数。评估结果既是校外资源开发的现状分析，也是后续工作的基本依据。

在调查评估的基础上，要因地制宜地制订资源开发与利用的策略。要放眼全局，根据评估情况勾勒出校外资源的整体图景，既要看到短板弱项，也要发掘特色优势，进而形成分类指导、重点突破的思路。对于急需补充的薄弱领域，可以通过购置、租赁、共建等方式集中发力，尽快改善资源短缺状况；对于具备独特价值的优质资源，则要充分挖掘其教学功能，使其在相关课程和训练中发挥引领作用。与此同时，资源利用既要立足当下，满足现实所需，又要着眼长远，为学校体育事业发展积蓄后劲。要树立开放合作理念，建立健全校政、校企、校社合作机制，整合多方力量，实现资源的可持续开发利用。

（二）课程设计与资源融合

课程设计与校外体育教学资源的有机融合是一项复杂而系统的工程，需要体育教师在深入分析教学目标、学情特点的基础上，精心设计教学内容，优化教学过程，创新教学方法，将丰富多样的校外体育资源整合进教学全过程。这既是对教师专业能力的考验，也是提升体育课程育人质量的关键所在。

体育教师应立足课程标准要求，根据学生身心发展规律和运动技能形成特点，遴选适宜的校外体育资源作为教学内容。选择时要注重资源的多样性、趣味性和挑战性，既要包括传统的竞技性项目，也要涵盖新兴的休闲性、健身性项目；既要有利于学生掌握基本运动技能，也要有助于其拓展运动体验、享受运动乐趣。同时，教师还应充分考虑不同资源的可及性和安全性，确保学生能够方便、安全地参与体育活动。

在教学过程设计上，体育教师要根据校外资源的特点灵活安排教学组织形式。室外环境可采用分散练习、分组对抗等方式，充分调动学生的参与热情；场馆设施相对集中的资源可采用循环练习站、主题活动日等形式，强化学生的练习量和运动负荷；自然环境资源则可以远足、定向等形式开展，拓宽学生的视野和环保意识。与此同时，教师还应积极利用信息技术手段，建立校外资源信息库，方便学生查询、预约，推动校外资源利用的信息化、常态化。

为了促进学生对所学知识和技能的内化吸收，体育教师还应创新教学方法，加强校内外资源的有机衔接。如在校内预习校外需要掌握的安全知识和活动规则，邀请校外教练举办专题讲座，指导学生科学健身；又如将校外参与体育活动的表现纳入学业评价，激励学生主动参与、持之以恒；再如成立社团组织或兴趣小组，定期组织学生走进社区开展体育服务，在实践中强化运动参与能力。总之，要充分挖掘校内外资源衔接的契合点，形成协同育人合力。

将校外体育资源整合进课程教学并非简单地添加和嫁接，而应遵循体育教学规律，体现课程内在逻辑。体育教师要胸怀课程总体目标，基于学生已有的知识和技能基础，进行纵向深化和横向拓展，帮助其建构完整的知识架构和能力结构。要处理好校内外资源之间的比例，避免因过度依赖校外资源而弱化课堂教学，或因校外资源使用不当而干扰正常教学秩序。在选择和利用资源的过程中，教师要时刻保持清醒的判断力和自觉的责任心，确保将校外资源真正转化为提升学生综合素养的有效载体。

（三）平台建设与管理

搭建校外体育资源信息平台是高校体育教学改革的重要抓手。随着教育信息化的深入推进，大数据、云计算等新兴技术为校外体育资源的整合与共享提供了强大支撑。通过构建一个涵盖校外场地设施、社会体育组织、优秀教练员等信息的综合性平台，高校可以及时了解和掌握可用的校外体育资源，并根据教学需要进行灵活调配和优化配置。这不仅能够弥补学校自身场地器材的不足，丰富体育教学内容和形式，还能够为学生提供更多参与社会体育活动的机会，增强其社会适应能力。

然而，校外体育资源信息平台的建设和运营并非易事。它不仅需要学校与政府、社会组织等多方主体的通力合作，还需要一套科学、规范的管理机制来保障其高效运转。学校应成立专门的管理机构，负责平台的规划、设计、开发和维护工作。在此过程中，要充分考虑用户的实际需求，优化平台的功能布局和交互设计，提升用户体验。学校要与政府有关部门建立常态化的沟通协调机制，争取政策支持和资金保障，营造有利于平台发展的外部环境。学校要主动与社会体育组织开展交流合作，建立资源共享、优势互补的伙伴关系。通过签订合作协议、开展联合教学等方式，不断拓展平台的资源储备和服务范围。

在平台运营过程中，信息的及时更新和质量把控至关重要。一方面，学校要建立完善的信息采集、审核、发布机制，确保平台上的资源信息真实、准确、全面。可以安排专人定期走访校外场地设施，了解其开放时间、使用规则等动态信息，并及时更新到平台上。对于社会体育组织和优秀教练员，也要建立相应的信息报备和考核制度，及时淘汰不合格的合作伙伴。另一方面，学校要高度重视平台用户的反馈意见，通过满意度调查、在线交流等方式，广泛听取师生的使用体验和改进建议，并据此对平台功能和内容进行优化升级，不断提高平台的使用黏性和影响力。

校外体育资源信息平台的价值不仅在于信息的集聚与共享，更在于对学校体育教学改革的引领和驱动。通过平台这一媒介，学校可以与社会体育资源实现更加紧密的对接和融合，推动传统的体育教学模式向开放性、社会化的方向转变。教师可以充分利用校外优质资源开展研学实践、拓展训练等创新性教学活动，让学生走出校园，感受更加丰富多元的体育文化。学校还可以结合平台开展体育社团活动、体育赛事等，不断拓宽学生参与体育锻炼的途径，培养其终身体育的意识和习惯。这不仅能够提高学校体育工作的社会参与度和影响力，更能为学生全面发展提供坚实保障。

第三节　网络体育教学资源的整合与应用

一、网络体育教学资源的种类与特点

（一）数字化视频教案的互动性与易访问性

数字化视频教案作为一种创新的教学资源，以其独特的互动性和易访问性，为高校体育教学注入了新的活力。传统的体育教学模式受时间、空间等因素的限制，学生难以充分参与到教学过程中，教师也难以全面了解学生的学习情况。而数字化视频教案打破了这些限制，为师生互动提供了更加便捷、高效的平台。

通过精心设计的交互环节，如课堂提问、在线测验等，数字化视频教案能够有效激发学生的学习兴趣，调动其主动性和参与性。学生不再是被动的知识接收者，而是能够积极思考、表达自己的见解，与教师、同学展开深入交流。这种互动不仅有助于巩固学生的知识理解，更能培养其批判性思维和创新能力。同时，数字化视频教案还为教师提供了实时监测学生学习状态的手段，通过数据分析，教师可以及时调整教学策略，因材施教，真正实现以学生为中心的个性化教学。

易访问性是数字化视频教案的另一大优势。借助网络平台，学生可以随时随地观看教学视频，不受时空限制。这对于体育实践课程尤为重要，学生可以反复观看示范动作，加深印象，提高动作的准确性和规范性。数字化视频教案还可以通过超链接、弹出窗口等方式，为学生提供丰富的拓展资源，如相关文献、案例分析等，满足学生深度学习的需求。这种自主学习的模式不仅符合当代大学生的学习特点，也有助于培养其自学能力和终身学习意识。

数字化视频教案在促进教学资源共享方面也发挥着重要作用。优秀的体育教学视频可以在不同院校、不同地区之间共享，实现优质教育资源的均衡配置。这不仅有利于缩小地区间、校际间的教学质量差距，也为教师的专业发展提供了更广阔的平台。通过学习借鉴他人的教学经验，教师可以不断更新教学理念，改进教学方法，提升教学水平。

（二）在线体育课程与慕课的公开性和灵活性

在线体育课程与慕课在高校体育教学中展现出公开性和灵活性的特点，为体育教学资源的共享和学生自主学习提供了广阔空间。这种新兴的教学模式突破了传统体育课堂的时空限制，学生可以根据自己的学习进度和兴趣爱好，自主选择学习内容和学习节奏，充分发挥主体性，实现个性化学习。同时，在线体育课程与慕课汇聚了优质的教学资源，学生可以接触到名师讲授、国内外前沿动态等丰富多元的学习内容，拓宽学习视野，提升学习体验。

在线体育课程与慕课的公开性还体现在课程资源的共享与交流上。不同高校、不同地区的体育教师可以通过平台分享自己的教学经验和优秀案例，实现教学资源的互补与整合。学生也可以通过在线社区与来自全国乃至世界各地的学习者交流互动，分享心得体会，碰撞思想火花。这种开放、协作的学习氛围有利于培养学生的创新意识和全球视野。

然而，在线体育课程与慕课的教学应用也面临着一些挑战。体育学科的实践性和技能性较强，完全依赖线上教学难以达到理想效果，需要与线下实践教学有机结合。在线教学对教师的信息技术应用能力提出了更高要求，教师需要不断更新教学理念和方法，探索适应在线教学特点的教学策略。慕课课程的教学评价和学分认定还有待进一步探索和完善。

(三) 虚拟现实技术与仿真软件的沉浸体验和创新潜力

虚拟现实技术与仿真软件的出现，为高校体育教学注入了新的活力。这些创新技术以其沉浸式体验和交互性，深刻改变了传统的教学模式，为学生提供了身临其境的学习环境。在虚拟现实场景中，学生可以通过头戴式显示器、数据手套等设备，与虚拟的运动场景进行实时互动，获得逼真的视觉、听觉和触觉反馈。这种沉浸式体验能够有效激发学生的学习兴趣，提高其参与度和主动性。

与传统的体育教学相比，虚拟现实技术和仿真软件具有独特的优势。它们能够突破时空限制，为学生创设多样化的运动场景。无论是高山滑雪、潜水探险，还是太空漫步，虚拟现实都能够实现。这大大拓展了体育教学的内容和形式，满足了学生多元化的需求。虚拟现实技术可以对学生的动作进行实时捕捉和分析，提供精准的数据反馈。通过可视化的数据呈现，学生能够直观地了解自己的动作要领和不足之处，从而有针对性地进行改进。这种即时反馈机制有利于提高学生的运动技能和自我监控能力。

虚拟现实技术和仿真软件在体育教学中的应用，还有助于培养学生的创新意识和探索精神。在虚拟环境中，学生可以自由尝试各种动作组合和策略，挑战自我极限。这种开放式的探索过程，不仅能够激发学生的想象力和创造力，更能培养其勇于尝试、敢于突破的品格。同时，虚拟现实技术也为体育教学的个性化提供了可能。教师可以根据学生的特点和需求，定制专属的训练方案和学习路径，实现因材施教。这种个性化的教学模式，能够最大限度地发掘每个学生的运动潜能，促进其全面发展。

虚拟现实技术和仿真软件在体育教学中的应用，也面临着一些挑战。首先是设备成本较高，对学校的经费投入提出了更高要求。虚拟现实场景的设计和开发需要专业的技术团队，对教师的信息技术素养也提出了新的要求。过度沉溺于虚拟环境，可能会影响学生的现实交往能力和身体健康。因此，在推广应用虚拟现实技术的同时，还需要加强对学生的引导和管理，确保其身心健康发展。

二、网络体育教学资源整合的方法与策略

（一）利用数据分析优化资源匹配与推荐机制

在当前信息化时代，网络技术的迅猛发展为教育教学注入了新的活力。高校体育教学作为人才培养的重要组成部分，同样面临着变革和创新的挑战。如何有效整合和利用网络体育教学资源，优化资源配置，提升教学质量，已经成为体育教育工作者必须思考和解决的重要课题。

数据分析是优化网络体育教学资源匹配与推荐的关键途径。通过收集学生的学习行为数据、体育活动偏好等信息，利用大数据技术进行深入挖掘和分析，可以精准把握学生的个性化需求，为其提供最为适配的学习资源。例如，通过分析学生在线学习的时间分布、进度完成情况、互动参与度等指标，可以准确评估其学习状态和效果，进而推送难度适中、内容相关的教学资源。又如，根据学生参与体育活动的频率、项目选择倾向等数据，可以为其推荐感兴趣的运动项目教学视频、技战术分析文章等，充分调动其运动积极性。

数据分析还能够帮助教师优化教学设计和策略。通过分析学生在不同教学环节中的表现数据，教师可以及时发现教学中的薄弱环节和改进空间，从而有针对性地调整教学计划和方法。例如，如果数据显示学生在某个知识点的掌握上存在普遍困难，教师就可以通过增加练习量、强化重点讲解等方式加以强化。再如，如果数据反映学生对某种教学形式的参与度和接受度较低，教师则可以尝试引入其他教学模式，如情景模拟、小组合作等，以提升教学吸引力。

数据分析在网络体育教学资源整合中也大有可为。当前，各类体育教学资源在网络上呈现出分散、碎片化的特点，不利于学生系统地学习和掌握。通过数据分析，可以实现跨平台、跨类型的资源整合，建立起关联性强、逻辑性清晰的资源体系。例如，将不同平台上相同主题的教学视频、文本材料、习题测验等进行归类组合，形成完整的学习单元；再如，通过语义分析技术，对不同类型的资源进行关键词提取、主题划分，建立资源关联网络图谱，方便学生快速检索和获取所需内容。

（二）跨平台资源整合与协同共享的技术途径

跨平台资源整合与协同共享是充分利用网络体育教学资源、提升教学质量

的重要技术途径。在当前信息技术飞速发展的背景下，各种网络教学平台和资源不断涌现，为体育教学注入了新的活力。然而，这些资源往往分散在不同的平台和系统中，缺乏有效的整合和共享机制，导致资源利用率不高，教学效果难以保证。因此，探索跨平台资源整合与协同共享的技术途径，已经成为网络体育教学领域的重要课题。

从技术层面来看，跨平台资源整合与协同共享需要建立在开放、互联、互通的基础之上。这就要求不同的教学平台和系统遵循统一的技术标准和规范，实现数据格式、接口、协议等方面的标准化。只有这样，才能打破“信息孤岛”，实现资源的无缝对接和自由流动。同时，还需要运用大数据、云计算等先进技术，对分散的教学资源进行采集、存储、分析和挖掘，从而发现资源之间的内在联系，实现智能化的资源匹配和推荐。

从应用层面来看，跨平台资源整合与协同共享要着眼于教学需求和学习体验。一方面，要根据不同教学场景和学习任务，灵活组织和调用网络资源，为教师和学生提供个性化、多样化的教学服务。例如，可以将在线课程、虚拟仿真、交互式练习等不同类型的资源进行整合，构建立体化的教学内容体系；又如，可以利用社交媒体、即时通信等工具，促进教师、学生、专家之间的交流互动，营造开放、协作的学习氛围。另一方面，要重视用户的参与和反馈，通过收集学习行为数据、组织教学研讨等方式，不断优化资源的组织方式和呈现形式，提升学习的针对性和实效性。

跨平台资源整合与协同共享还需要制度和机制的保障。在宏观层面，需要建立健全相关的政策法规、标准规范和激励措施，营造开放共享、协同创新的良好环境。在中观层面，需要搭建跨校际、跨区域的资源共建共享平台，促进优质资源的集聚与辐射。在微观层面，则需要完善资源的评价、审核和反馈机制，保障资源质量和版权，规范资源的使用与管理。

（三）个性化学习路径的设计与教学资源的适配

个性化学习路径的设计在网络体育教学资源的适配中发挥着关键作用。每个学生都是独特的个体，具有不同的学习风格、认知水平和运动基础。因此，网络体育教学资源必须充分考虑学生的个体差异，提供多样化、可定制的学习路径，才能真正实现因材施教，提高教学质量。

具体来说，个性化学习路径的设计需要立足对学生的学情分析，全面了解其学习需求和特点。教师可以通过在线测评、问卷调查等方式，收集学生的体能水平、运动技能、学习兴趣等数据，并进行系统梳理和分析。在此基础上，教师应根据学生的不同特点，设计出差异化的学习路径。比如，对于体能较弱的学生，可以提供更多的基础体能训练资源；对于对某项运动特别感兴趣的学生，可以提供该项运动的进阶学习资源；对于学习能力较强的学生，可以提供更具挑战性的拓展资源。

在个性化学习路径的实施过程中，要注重对学生的过程性评价和反馈。教师应密切关注每个学生的学习进度和效果，根据其表现及时调整学习路径。例如，当发现某位学生在某个知识点上存在困难时，教师可以补充相关的微课视频、练习题等资源，并通过在线辅导帮助其克服障碍；当学生完成某个学习任务后，教师要给予及时的鼓励和反馈，增强其学习动机和自信心。这种动态化的路径管理和生成反馈，能够促进学生更加自主、高效地学习，不断取得进步。

个性化学习路径的设计离不开智能化、数据化的技术支持。随着人工智能、大数据等新兴技术的发展，网络教学平台能够实现更加精准的学情分析和学习路径推送。通过采集学生在平台上的学习行为数据，智能算法可以准确分析每个学生的知识掌握情况、学习风格偏好等，从而为其量身定制个性化的学习方案。一些智能化的教学系统还能根据学生的实时反馈，动态调整学习内容和进度，甚至可以预测学生未来可能遇到的学习困难并提前给出针对性指导。可以预见，未来网络教学平台将进一步朝着智能化、个性化的方向发展，为学生提供更加精准、高效的学习体验。

网络体育教学资源的个性化适配是一个复杂的系统工程，需要教师、技术人员、教育管理者的通力合作。教师要树立因材施教的理念，不断更新教学方法和手段，为学生提供个性化的指导和支持；技术人员要加强智能化教学平台的研发和优化，利用新技术赋能教育教学；教育管理者要完善相关制度和标准，为个性化教学提供政策保障。只有多方协同发力，网络体育教学才能真正实现资源的精准适配，满足每个学生的个性化学习需求，最终达到提高人才培养质量的目标。

三、网络体育教学平台的搭建与优化

（一）构建面向未来的网络体育教学平台架构

构建面向未来的网络体育教学平台架构，需要立足当前信息技术发展趋势，深入分析体育教学的特点和需求，进而设计出科学、合理、可持续发展的平台框架。这一框架应该体现出前瞻性、开放性、融合性和智能化等基本特征，为体育教学模式的变革提供坚实的技术支撑和创新动力。

从前瞻性的角度来看，未来的网络体育教学平台应充分利用人工智能、大数据、云计算、虚拟现实等新兴技术，构建起智能化、个性化、沉浸式的教学环境。通过机器学习算法分析学生的学习行为和认知特点，为其提供精准、高效的学习指导和资源推送；运用自然语言处理、计算机视觉等技术，实现师生间的无障碍交互和实时反馈；整合多源异构数据，挖掘隐藏在数据背后的教学规律和学习模式，为教学决策提供数据支持。这种智能驱动的教学平台能够模拟专家教师的教学经验和思维方式，为学生营造个性化、智能化的学习体验，极大提升教学效率。

从开放性的角度来看，面向未来的网络体育教学平台应打破传统的封闭式架构，构建起开放、灵活、易扩展的系统生态。平台需要兼容多种软硬件环境和数据格式，能够与其他教育系统、资源库无缝对接，实现跨系统、跨平台的数据共享和业务协同。同时，平台还应提供开放的 API 接口和二次开发工具包，鼓励社会各界参与平台的建设和完善。高校、教师、学生、第三方机构等不同主体可以基于开放平台开展个性化的应用开发、资源建设、在线教研等活动。通过开放共享、协同创新，平台的生命力和影响力将得到极大延伸，推动形成可持续发展的体育教育生态系统。

从融合性的角度来看，未来的网络体育教学平台应促进线上线下教学的深度融合和一体化发展。平台要充分发挥信息技术优势，为线下教学提供丰富、优质的数字资源，以及便捷、高效的管理服务。同时还要加强线上教学与线下实践的有机结合，突破时空限制，让学生走出课堂，提升动手实践能力。例如，借助虚拟仿真等技术，学生可以在线体验各种体育运动，掌握基本的动作要领；利用可穿戴设备和移动应用，学生能够随时随地记录和分析自己的运动数据，获得科学的健身指导；通过网络社交平台，学生可以组织跨区域、跨学校的体育活动，增进交流协作。线上线下融合发展，将极大丰富体育教学形态，提升教学实效。

从智能化的角度来看，未来的网络体育教学平台要充分发挥人工智能的赋能作用，为体育教学的各个环节赋予智能特征。智能技术可以应用于教学诊断和学情分析，精准评估学生的运动能力和学习需求，制订个性化的学习方案；应用于资源推荐和学习指导，根据学生特点智能推送学习资料，提供情境式的学习引导；应用于过程监测和效果评价，实时跟踪学生的体质健康状况，科学评价课程教学效果。智能技术还可嵌入到体育器材和场地中，形成智慧体育环境，为学生提供互动性更强、体验感更佳的学习条件。未来的智慧体育教学平台，必将成为师生教学相长、共同成长的沃土。

（二）提升用户交互体验与参与度的设计方法

提升用户交互体验与参与度是网络体育教学平台设计的关键。在信息技术飞速发展的时代，传统的教学模式已无法完全满足学生多样化、个性化的学习需求。因此，网络体育教学平台必须紧跟时代步伐，以用户为中心，不断优化交互设计，提供沉浸式、互动式的学习体验，激发学生的主动性和创造力。

从视觉设计层面来看，网络体育教学平台应采用简洁、直观的界面布局，合理运用色彩、图形等元素，营造友好、舒适的学习氛围。同时，平台还需提供多种展示形式，如视频、动画、3D模型等，充分利用多媒体技术的优势，使枯燥的理论知识变得生动形象，加深学生的理解和印象。在互动设计方面，网络体育教学平台应提供丰富多样的互动方式，如在线测验、讨论区、虚拟实验等，鼓励学生积极参与，与教师、同伴进行交流探讨。

个性化学习路径的设计也是提升用户体验的重要手段。网络体育教学平台应基于学生的学习特点和需求，利用大数据、人工智能等技术，为每个学生量身定制专属的学习方案，提供针对性的教学资源和服务。这不仅能够提高学习效率，更能增强学生的获得感和满足感，激发其学习动力。

为了进一步提升平台的吸引力和用户黏性，网络体育教学平台还可以引入游戏化设计理念。通过设置关卡、积分、排行榜等机制，将学习过程游戏化，使学生在愉悦中学习，在挑战中成长。同时，平台还应定期开展各类主题活动，如在线运动会、知识竞赛等，营造良性的竞争氛围，促进师生、生生之间的交流互动。

网络体育教学平台的设计离不开用户反馈的指导。平台需建立完善的反馈机制，通过问卷调查、访谈等方式，及时收集用户的意见和建议，不断迭代优化产品功能和体验。只有始终以用户为中心，站在用户的角度思考问题，才能设计出真正满足学生需求、提升教学效果的网络教学平台。

（三）高效的内容管理系统与智能推荐引擎的整合

高效的内容管理系统与智能推荐引擎的整合是构建面向未来的网络体育教

学平台的关键。内容管理系统作为平台的核心组件，承担着组织、存储、发布教学资源的重任。而智能推荐引擎则利用大数据分析和机器学习技术，为学生提供个性化、精准化的学习资源和服务。两者的无缝整合，能够极大地提升平台的教学质量和学习体验。

一个优秀的内容管理系统应具备强大的功能和灵活的架构。它不仅要支持多种类型的教学资源，如文本、图片、音频、视频等，还要具备元数据管理、版本控制、权限管理等功能，确保资源的规范化管理和有序更新。同时，内容管理系统还应提供友好的用户界面和便捷的操作流程，让教师能够轻松地上传、编辑、发布教学资源。内容管理系统还应具备良好的扩展性和开放性，能够与其他系统如学习管理系统、教学评价系统等实现数据交换和功能集成，构建起完整的教学闭环。

智能推荐引擎是提升学习体验的利器。它通过分析学生的学习行为、兴趣爱好、知识水平等，为其推荐最合适的学习资源和学习路径。这种个性化的资源推送，能够有效激发学生的学习兴趣，提高学习效率。同时，智能推荐引擎还可以基于学生的实时反馈动态调整推荐策略，不断优化学习体验。比如，当学生对某个知识点存在疑惑时，推荐引擎可以自动推送相关的微课视频或习题练习，帮助其巩固理解。

内容管理系统与智能推荐引擎的整合，需要建立在统一的数据标准和接口规范之上。教学资源在录入内容管理系统时，就要进行结构化处理和语义标注，提取出关键字、知识点、难度等元数据信息。这些翔实的元数据，是智能推荐引擎进行精准分析和推荐的基础。同时，内容管理系统还要向推荐引擎开放必要的数据接口，以便实时同步教学资源更新状态。而推荐引擎则需要对学生的学习行为数据进行脱敏处理，确保隐私安全。

四、网络体育教学资源库的建设与管理

（一）资源库建设的规划与框架设计

资源库建设是实现高校网络体育教学资源整合与应用的重要基础。构建一个高质量、易于访问的资源库，需要在规划与框架设计上下足功夫。资源库建设必须紧密结合高校体育教学的实际需求，充分考虑不同学科背景、学习水平的学生的特点，为其提供个性化、多样化的教学资源。这就要求在资源库的框

架设计中，不仅要包含基础性的教学内容，如体育理论知识、运动技能演示等，还要涵盖拓展性的学习材料，如体育科研前沿动态、运动训练方法创新等，满足学生的不同学习需求。

资源库的规划与设计应充分吸收现代信息技术的最新成果，提供便捷、高效的资源检索和访问方式。传统的资源库往往采用目录式的组织形式，检索效率低下，用户体验较差。而借助大数据、人工智能等技术，可以实现资源的智能分类、语义化标注和关联推荐，为用户提供更加精准、高效的检索服务。同时，资源库还应支持多终端、跨平台的访问，实现移动端、PC端的无缝衔接，方便学生随时随地进行学习。

资源库的建设还应注重版权保护和知识产权管理。高校体育教学资源大多数来自教师的辛勤劳动，其版权归属需要明确界定。在资源库框架设计中，应嵌入完善的版权管理模块，对每一项资源的来源、作者、使用权限等进行严格管控，既要保护资源创作者的合法权益，又要促进资源的合理使用和共享。资源库还应建立规范的审核机制，对上传的资源进行把关，防止侵权、盗版等违规行为的发生。

资源库的规划与设计还应体现开放性和可持续发展性。一方面，资源库应不断吸纳优质的教学资源，通过教师投稿、学生创作等多种渠道，丰富资源库的内容；另一方面，资源库的框架应具有可扩展性，能够灵活应对技术更新和需求变化，实现资源库功能的持续优化和升级。只有保持开放的姿态，与时俱进地完善资源库建设，才能为高校网络体育教学资源的整合与应用提供长久、有力的支撑。

（二）高质量资源筛选标准与质量控制机制

高质量资源筛选标准与质量控制机制的建立对于网络体育教学资源库的建设和管理至关重要。在海量的网络资源面前，如何甄别优质资源、淘汰劣质资源，确保资源库内容的科学性、先进性和实用性，是资源库管理者必须面对的重大课题。

建立科学合理的资源筛选标准是资源质量控制的首要环节。筛选标准应立足体育学科特点，兼顾理论深度和实践指导意义。具体来说，优质的网络体育教学资源应具备以下特征：一是内容准确、思想正确，符合体育学科的基本规律和发展方向；二是紧密联系教学实际，对体育教学实践具有较强的指导作用；三是形式新颖、表现力强，能够激发学生的学习兴趣；四是技术先进、使用便捷，符合现代教育技术发展趋势。资源筛选标准的制订要充分吸收体育教学专家、一线教师的意见和建议，既要有理论高度，又要接地气，切实为教学服务。

在明确筛选标准的基础上，还需建立起完善的资源审核机制和质量监控体系。对申报入库的资源，要组织专家进行严格评审，对不合格的资源坚决予以淘汰。对已入库的资源，也要定期开展“回头看”，对不符合标准的资源及时清理出库，保证资源的持续更新与优化。同时，要建立资源库的使用反馈和评价机制，广泛听取一线教师和学生的意见，对资源质量进行动态评估和调整。高校还可与其他院校开展资源共建共享，借鉴兄弟院校的优秀经验，共同提升资源库的建设水平。

资源库平台的设计也要为质量控制提供有力支撑。在平台建设中，要嵌入完善的资源分类、关键词设置、质量标识等功能，方便用户检索和识别优质资源。同时，要加强平台的数据监测和分析能力，动态掌握各类资源的使用情况、用户评价等，为资源优化提供决策参考。资源库平台要安全可靠、运行稳定，确保优质资源能够持续、便捷地服务于广大师生。

建立高质量资源筛选标准和质量控制机制，是提升网络体育教学资源库内涵建设、推动体育教学创新发展的治本之策。这需要体育教学管理部门、资源库建设团队、广大体育教师的共同努力。只有不断完善资源筛选标准，创新质量控制手段，优化资源库平台功能，才能不断提升资源库的服务能力和水平，为我国体育教育教学改革贡献智慧和力量。

（三）资源更新与维护策略的制订

网络体育教学资源库的建设离不开科学合理的资源更新与维护策略。资源更新是保证资源库内容与时俱进、满足师生不断变化需求的关键。维护则是确保资源库稳定运行、持续发挥育人功能的重要保障，二者相辅相成，缺一不可。

要实现资源的动态更新，首先需要建立资源更新的长效机制。这包括制订资源更新计划、明确更新周期、确定更新重点等。资源更新计划应立足学科发展前沿和教学实际需求，兼顾前瞻性和针对性；更新周期要根据资源类型和用户反馈灵活设置，既不能过于频繁，造成资源冗余和用户疲劳，也不能过于迟滞，导致资源陈旧和用户流失；更新重点则要紧扣体育与健康课程标准，关注新兴体育项目、教学方法和信息技术的发展动向，优先更新使用频率高、反馈评价好的优质资源。

要拓宽资源更新渠道，建立多元协同的资源建设机制。单一的资源更新渠道难以满足资源需求的多样性和快速迭代性。为此，要整合校内外优质资源，鼓励教师、学生、行业专家等多方参与资源建设。教师可以分享教学设计、微课视频、习题答疑等；学生可以上传学习心得、运动日记、竞赛剪影等；行业专家可以提供前沿资讯、职业指导、创业案例等。通过开放资源建设权限，汇聚全员智慧，源源不断地为资源库注入新鲜活力。

资源维护是资源库运行的底层逻辑和重要支撑。科学系统的资源分类编目是维护工作的基础。要依据体育学科特点和用户检索习惯，设计规范的分类框架和原数据描述，便于用户快速精准地定位所需资源。在具体维护过程中，要做好资源筛选、去重、错误修正等，提高资源组织的条理性和准确性。同时，要定期检查死链、更新权限、查杀病毒等，消除安全隐患。针对不同资源类型，还要采取相应的技术处理，如音频和视频压缩、图片水印、文本格式转换等，优化用户的访问体验。

资源更新和维护是一项复杂的系统工程，需要制度建设、流程优化、技术支持、团队协作等多维度协同推进。唯其如此，才能构建起动态更新、优化组织、安全可靠、用户友好的高质量资源库，为体育教学注入持久动力，为学生的全面发展提供坚实支撑。

在信息技术与教育教学深度融合的新时代，网络体育教学资源库建设正面临前所未有的机遇和挑战。体育教师要立足学科前沿，把握信息技术发展脉搏，不断探索资源更新与维护的新思路、新方法，为广大学生营造更加智能化、个性化、泛在化的体育学习环境，助力其掌握体育与健康知识、提升运动技能、培养终身锻炼习惯，成就健康快乐人生。这既是体育教育工作者的神圣使命，也是教育信息化时代对体育教师专业发展提出的新要求。

参考文献

［1］陈泽刚．高校体育教学改革创新与发展研究［M］．长春：吉林出版集团股份有限公司，2022.

［2］刘永科，齐海杰．高校体育教学改革创新与发展研究［M］．北京：中国原子能出版社，2022.

［3］田应娟．当代高校体育教学改革创新与发展［M］．长春：吉林人民出版社，2021.

［4］贾建康，宋效琦，蔡浩刚．新时代高校体育教学模式改革与教师人才培养路径探索［M］．北京：中国书籍出版社，2023.

［5］李振良．现代高校体育教学改革与创新［M］．长春：吉林人民出版社，2023.

［6］李井海，武伟红，吴春磊．高校体育教学改革创新与发展研究［M］．北京：中国原子能出版社，2022.

［7］宁文晶，沙菲，张妍．高校体育教学方法改革与创新研究［M］．长春：吉林出版集团股份有限公司，2023.

［8］刘景堂．高校体育教学改革研究［M］．北京：中国纺织出版社，2020.

［9］杨艳生．体育教学改革与创新实践研究［M］．长春：吉林人民出版社，2021.

［10］陈轩昂．新时期高校体育教学的改革与发展［M］．北京：航空工业出版社，2019.

［11］韩洋，张羽佳．高校体育教育教学创新改革研究［M］．沈阳：辽宁大学出版社，2022.

［12］彭文耀．高校体育教学模式改革创新与科学化训练研究［M］．长春：吉林文史出版社，2023.

［13］阎帅威．高校田径教学创新与体育教育教学改革研究［M］．长春：东北师范大学出版社，2022.

［14］高俊兰．新时期高校操舞类体育教学的改革创新与发展研究［M］．北京：九州出版社，2019.